Inhaltsverzeichnis

Inhalt

Vorwort

Herzlichen Glückwunsch und willkommen zu einer der besten
Entscheidungen, die du in deinem Leben getroffen hast! Wenn
du dieses Buch in den Händen hältst, dann heißt das, dass du
nicht nur neugierig bist, sondern auch entschlossen, dein
Leben auf das nächste Level zu bringen. Und lass mich dir
gleich zu Beginn versichern: Du hast alles richtig gemacht.

Warum dieses Buch deine wertvollste Investition ist

Wir leben in einer Welt voller Information. Jeden Tag strömen
neue Studien, Artikel und vermeintliche "Geheimnisse" auf uns
ein, die uns versprechen, gesünder, stärker, intelligenter oder
glücklicher zu machen. Doch das Problem ist nicht der Mangel
an Informationen – das Problem ist die Flut an
widersprüchlichen Ratschlägen und unser begrenztes
Zeitbudget, um all das zu durchforsten. Du kannst nicht
stundenlang Artikel lesen, Forschungsergebnisse analysieren
und selbst herausfinden, welche Strategien wirklich
funktionieren. Das habe ich für dich übernommen.

Die letzten Jahre meines Lebens habe ich damit verbracht,
Wissen zu sammeln, es zu hinterfragen und die essenziellen
Lektionen in Form von Karteikarten festzuhalten. Jedes
Konzept, das du in diesem Buch findest, basiert auf
wissenschaftlicher Forschung, auf bewährten Prinzipien und
auf praxiserprobten Techniken. Du kannst sicher sein, dass die
Informationen, die du hier findest, nicht nur fundiert, sondern
auch sofort anwendbar sind. Das heißt, du sparst wertvolle Zeit

– Zeit, die du nun nutzen kannst, um in deinem Leben die Dinge umzusetzen, die wirklich zählen.

Wissenschaftlich fundiert und praxisnah

Häufig stehen wir vor der Herausforderung, dass wir theoretisches Wissen nicht direkt in die Praxis umsetzen können. Dieses Buch ist anders. Hier bekommst du nicht nur Wissen, sondern konkrete Strategien und Werkzeuge. Von Muskelaufbau über die Optimierung deines Testosteronspiegels bis hin zu den effektivsten Lerntechniken – alles, was du hier liest, ist darauf ausgerichtet, dir sofortigen Mehrwert zu liefern.

Stell dir vor, du müsstest all diese Informationen selbst recherchieren. Du würdest unzählige Stunden damit verbringen, Studien zu lesen, komplexe Theorien zu verstehen und herauszufinden, was wirklich funktioniert. Mit diesem Buch gehören solche endlosen Recherchestunden der Vergangenheit an. Du hast jetzt ein kompaktes Nachschlagewerk in der Hand, das dir alles liefert, was du brauchst – schnell, effektiv und auf den Punkt gebracht.

Effizienz und Fokus: Die Schlüssel zum Erfolg

Das Leben ist zu kurz, um Zeit mit ineffektiven Methoden zu verschwenden. Die richtigen Dinge zur richtigen Zeit zu tun – das ist das Geheimnis, das erfolgreiche Menschen von denen unterscheidet, die nur von Erfolg träumen. Mit diesem Buch hast du die Möglichkeit, deine Energie auf das Wesentliche zu konzentrieren. Du wirst lernen, wie du deinen Körper stärkst, deine mentale Gesundheit verbesserst und dein volles Potenzial entfalten kannst.

Wissen ist Macht, aber angewandtes Wissen ist der wahre Schlüssel zur Veränderung. Nehmen wir das Beispiel des

Muskelaufbaus: Viele Menschen trainieren hart, aber nur wenige erreichen wirklich beeindruckende Ergebnisse. Warum? Weil ihnen das Wissen fehlt, wie man mit den effektivsten Trainingsmethoden arbeitet, wie man die richtige Erholungszeit einhält und wie man die nährstoffreichsten Lebensmittel auswählt. Dieses Buch gibt dir klare, wissenschaftlich fundierte Anleitungen, damit du deine Ziele schneller erreichst.

Die Kunst des richtigen Lernens

Eines der zentralen Themen dieses Buches ist die Kunst des effektiven Lernens. Wir alle wissen, dass wir ständig lernen müssen, um mit der Welt Schritt zu halten. Doch die meisten Menschen haben nie gelernt, wie man richtig lernt. Du verbringst unzählige Stunden mit dem Versuch, sich Wissen anzueignen, das du bald wieder vergisst. Hier findest du bewährte Techniken, die dir helfen, schneller zu lernen und das Gelernte dauerhaft zu behalten. Stell dir vor, wie viel Zeit du sparen könntest, wenn du beim Lernen doppelt so effizient wärst wie bisher.

Mentale Gesundheit als Grundlage für ein erfülltes Leben

Neben den physischen und intellektuellen Aspekten widmet sich dieses Buch auch einem der wichtigsten – und oft vernachlässigten – Themen: der mentalen Gesundheit. Ein starker Geist ist die Basis für nachhaltigen Erfolg und glückliches Leben. Du erfährst hier, wie du Stress effektiv bewältigst, deine Resilienz stärkst und ein starkes Mindset entwickeln kannst. Du hast jetzt die Chance, nicht nur körperlich und intellektuell, sondern auch emotional auf der Höhe deiner Möglichkeiten zu sein.

Warum du bereit bist, das Beste aus deinem Leben zu machen

Der Kauf dieses Buches war kein Zufall. Du hast bewiesen, dass du bereit bist, Verantwortung für dein eigenes Leben zu übernehmen. Du hast den ersten Schritt getan, um deine Zeit, deine Energie und deine Ressourcen klug zu investieren. Dieses Buch ist deine Abkürzung zu bewährtem Wissen und effektiven Strategien. Du musst das Rad nicht neu erfinden – du kannst direkt loslegen und Ergebnisse sehen.

Stell dir vor, wie dein Leben aussehen wird, wenn du die Prinzipien und Techniken, die du hier lernst, konsequent anwendest. Wie würde sich dein Körper verändern? Wie viel mehr könntest du lernen und wie viel schneller? Wie viel ruhiger und fokussierter würdest du dich fühlen? Dieses Buch ist dein Kompass auf dem Weg zu einem besseren, erfüllteren und erfolgreicheren Leben.

Der nächste Schritt liegt bei dir

Jetzt, da du weißt, dass du die richtigen Werkzeuge in der Hand hast, liegt es an dir, die nächsten Schritte zu gehen. Blättere weiter, tauche ein in die Kapitel, die vor dir liegen, und beginne damit, dein Leben in die Richtung zu lenken, die du dir schon immer gewünscht hast. Die Entscheidungen, die du heute triffst, bestimmen, wo du morgen stehen wirst.

Noch einmal: Herzlichen Glückwunsch zu deiner Entscheidung. Die Reise beginnt jetzt – und ich verspreche dir, dass sie es wert sein wird. Dieses Buch ist dein treuer Begleiter, dein Nachschlagewerk und deine Geheimwaffe. Nutze es weise, und du wirst erstaunt sein, welche Veränderungen möglich sind.

Bist du bereit? Dann lass uns gemeinsam loslegen!

Warum solltest du auf mich hören?

Du fragst dich vielleicht: *„Warum sollte ich genau diesen Ratschlägen folgen? Warum sollte ich diesem Autor vertrauen?"* Eine berechtigte Frage – und ich freue mich, dass du sie stellst. Denn es zeigt, dass du kritisch bist, dass du reflektierst und nicht einfach alles hinnimmst, was man dir sagt. Das ist genau die Art von Einstellung, die dich weit bringen wird. Lass mich dir erklären, warum ich überzeugt bin, dass dir dieses Buch helfen kann und warum du von dem profitieren wirst, was ich hier mit dir teile.

1. Ich war selbst auf der Suche – und habe den Weg gefunden

Ich weiß, wie es sich anfühlt, sich in einem Dschungel aus Ratschlägen, Methoden und Selbsthilfetipps zu verlieren. Ich war an dem Punkt, an dem ich nicht wusste, wo ich anfangen soll, um mein Leben zu verbessern. Doch genau diese Suche hat mich dahin gebracht, wo ich heute stehe: Ich habe die Strategien gefunden, die wirklich funktionieren – wissenschaftlich fundiert und in der Praxis erprobt. Ich habe sie getestet, angepasst und in meinen eigenen Alltag integriert. Alles, was ich dir in diesem Buch weitergebe, sind Techniken, die ich selbst angewendet habe und die mein Leben nachhaltig verändert haben.

2. Ich habe für dich gefiltert, was wirklich zählt

Du hast keine Zeit, alles selbst herauszufinden – und genau das habe ich für dich übernommen. In den letzten Jahren habe ich

Hunderte Stunden damit verbracht, die effektivsten Methoden zu recherchieren und auszuprobieren. Ich habe unzählige wissenschaftliche Artikel, Studien und Bücher durchforstet, um herauszufinden, was tatsächlich wirkt. Dabei habe ich nicht einfach nur die Theorie betrachtet, sondern mich auf die Dinge konzentriert, die in der Praxis anwendbar sind. Dieses Buch ist das Ergebnis dieser Arbeit – ein komprimierter Leitfaden, der dir alles liefert, was du brauchst, ohne dich mit unnötigen Details zu überfordern.

3. Ich verbinde Wissenschaft mit Praxis

Viele Bücher sind entweder rein theoretisch oder setzen voraus, dass du bereits ein Experte in einem bestimmten Bereich bist. Mein Ansatz ist anders. Ich bringe dir keine komplexen Theorien, sondern konkrete, umsetzbare Schritte. Gleichzeitig basiert alles, was ich dir hier anbiete, auf bewährten wissenschaftlichen Erkenntnissen. Das bedeutet, du kannst dich darauf verlassen, dass die Strategien nicht nur gut klingen, sondern tatsächlich Wirkung zeigen. Du bekommst also das Beste aus beiden Welten: fundiertes Wissen und einfache Anwendbarkeit.

4. Mein Ziel ist es, dir echte Ergebnisse zu liefern

Das Wichtigste für mich ist, dass du aus diesem Buch echten Mehrwert ziehst. Ich will nicht, dass du dieses Buch liest und dann denkst: *„Das klingt alles ganz nett, aber was mache ich jetzt konkret?"* Deshalb habe ich alles so strukturiert, dass du sofort ins Handeln kommen kannst. Du wirst keine abstrakten Theorien finden, sondern klare Schritte, die dich deinen Zielen näherbringen. Und ich verspreche dir: Wenn du die Strategien umsetzt, die du hier lernst, wirst du Ergebnisse sehen – in deinem Körper, deinem Geist und deinem Leben.

5. Ich bin nicht perfekt – und genau deshalb kann ich dich verstehen

Ich bin kein unerreichbares Ideal, kein „Guru" oder ein Mensch, der alles von Anfang an richtig gemacht hat. Ich habe Fehler gemacht, ich habe Rückschläge erlebt, und ich habe immer wieder von vorne angefangen. Das macht mich zu jemandem, der deine Herausforderungen versteht – und der weiß, dass Veränderung nicht immer einfach ist. Aber ich weiß auch, dass es möglich ist. Und genau deshalb kann ich dir zeigen, wie du den Weg gehst, der für dich funktioniert.

6. Dieses Buch ist für dich geschrieben

Ich habe dieses Buch nicht für mich geschrieben, sondern für dich. Mein Ziel war es, dir die besten Werkzeuge an die Hand zu geben, um dein volles Potenzial zu entfalten. Ich sehe es als meine Mission, dir zu zeigen, dass du alles erreichen kannst, was du dir vornimmst – wenn du die richtigen Strategien kennst und konsequent umsetzt. Du bist der Mittelpunkt dieses Buches, und alles, was du hier liest, ist darauf ausgerichtet, dir zu helfen.

7. Du bist schon auf dem richtigen Weg

Allein die Tatsache, dass du dieses Buch in die Hand genommen hast, zeigt, dass du bereit bist, dein Leben zu verbessern. Das ist der wichtigste Schritt – und der schwierigste. Viele Menschen träumen davon, etwas zu verändern, aber nur wenige haben den Mut, tatsächlich etwas zu tun. Du gehörst zu denjenigen, die handeln, und genau das macht den Unterschied. Jetzt musst du nur noch dranbleiben und die Werkzeuge nutzen, die ich dir in diesem Buch gebe.

Am Ende liegt es an dir, zu entscheiden, ob du meine Ratschläge annehmen möchtest. Aber ich kann dir eins versprechen: Wenn du bereit bist, dich darauf einzulassen, dann wirst du die Veränderungen sehen, die du dir wünschst. Du hast alles, was du brauchst – jetzt geht es nur noch darum, die richtigen Schritte zu gehen.

Also, lass uns gemeinsam durchstarten. Ich bin bereit, wenn du es bist. 💪

Kapitel 1: Wie lernen wir?

Stell dir vor, du könntest jede Fähigkeit in Rekordzeit meistern. Das klingt nach einem Traum, oder? Doch mit den richtigen Strategien ist genau das möglich. Lernen ist kein Mysterium, sondern ein Prozess, der mit wissenschaftlich fundierten Methoden erheblich verbessert werden kann. In diesem Kapitel zeige ich dir, wie du effektiver lernst, schneller Fortschritte machst und nachhaltige Erfolge erzielst.

Wie man alles schnell meistert

1. **Schnelle Erfolge schaffen**: Sorge dafür, dass du möglichst früh positives Feedback bekommst. Erste kleine Erfolge motivieren enorm und helfen dir, dranzubleiben.

2. **Den richtigen Lehrer oder die richtige Strategie wählen**: Suche jemanden, der die Fähigkeit selbst schnell gemeistert hat. Erfolgreiche Vorbilder sind wertvolle Abkürzungen.

3. **Die wichtigsten Hebel finden**: Konzentriere dich auf die 20 % des Inputs, die 80 % des Outputs bringen. Effizienz ist der Schlüssel.

4. **Feedbackschleifen verkürzen**: Je früher und häufiger du Feedback erhältst, desto schneller kannst du dich verbessern.

5. **Mut zur anfänglichen Verschlechterung**: Es ist normal, zuerst schlechter zu werden, bevor echte Fortschritte sichtbar werden.

6. **Die eigene Identität verändern**: Studien zeigen, dass die Wahrnehmung deiner Identität einen enormen

Einfluss auf dein Lernen hat. Beispiel: Frauen und Asiaten schneiden bei Mathetests besser ab, wenn ihre Gruppenzugehörigkeit vorher betont wird.

Die Pyramide des Lernens und der 4-Schritte-Plan

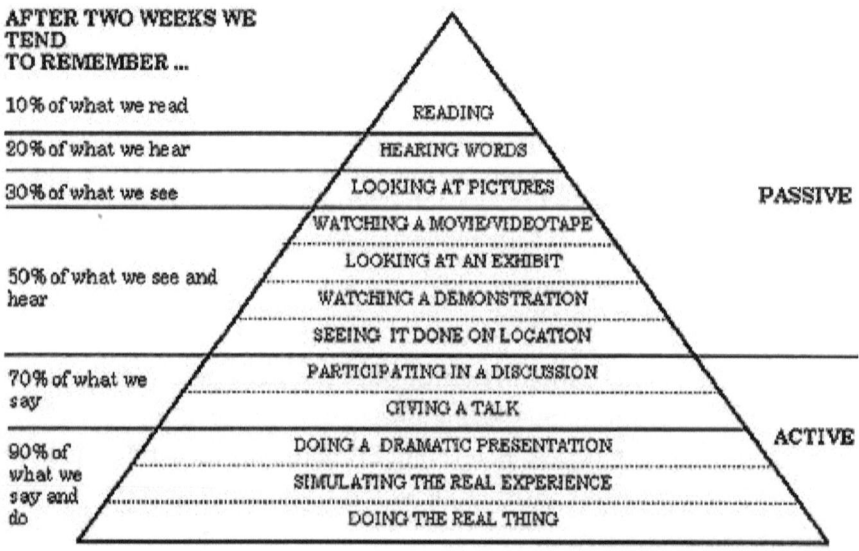

Adapted from: Edgar Dale *Audio-Visual Methods in Teaching*, Holt, Rinehart and Winston.

1. **Priming**: Scanne das gesamte Lernmaterial, bevor du richtig loslegst. Ziel ist es, Zusammenhänge früh zu erkennen und das große Ganze zu verstehen.

2. **Lernen in Ebenen**: Überspringe alles, was länger als zwei Minuten zum Verstehen braucht. Konzentriere dich auf die großen Konzepte, bevor du ins Detail gehst.

3. **Notizen machen**: Schreibe keine wortwörtlichen Notizen ab, sondern visualisiere dein Verständnis.

Mindmaps sind ideal, um zuerst die großen Konzepte und dann die Details zu strukturieren.

4. **Wiederholung**: Lerne den Stoff aus verschiedenen Perspektiven. Nutze unterschiedliche Methoden wie Mindmaps, Probeklausuren oder Quizfragen.

Die sechs wichtigsten Fähigkeiten, die man Entwickeln sollte

1. **Fokus**

2. **Lernen**

3. **Disziplin**

4. **Kommunikation**

5. **Finanzen/Investieren**

6. **Leverage** (Hebelwirkung nutzen)

Wie du mit der Pomodoro-Technik fokussiert lernst

- 25 Minuten konzentriertes Arbeiten

- 5 Minuten Pause

- Nach vier Einheiten: 15 Minuten Pause

Diese Methode hilft dir, konzentriert und ohne mentale Erschöpfung zu arbeiten.

Die zwei besten Lernmethoden laut Studien

1. **Aufgaben lösen**: Arbeite mit selbst erstellten Tests, alten Klausuren oder Frage-Antwort-Spielen. Sammle immer Feedback dazu.

2. **Verteiltes Üben**: Teile den Lernstoff in kleine Einheiten und mache zwischen den Wiederholungen Pausen.

Die beste Methode für Notizen: Cornell Note-Taking

- Vermeide wörtliche Wiederholungen. Formuliere Fragen und Antworten.

- Lerne aktiv, indem du Themen visualisierst – zum Beispiel mit einer Mindmap.

TITLE

Keywords

Questions

- Main notes
  - ideally using abbreviations

- Key thoughts

SUMMARY

Selbstlernen mit ChatGPT: Sechs Schritte

1. Lass einen Lernplan nach dem Pareto-Prinzip (80/20) erstellen.

2. Lass dir daraus einen zeitlichen Lernplan zu deinen verfügbaren Zeiten erstellen.

3. Suche Ressourcen für verschiedene Lernstile.

4. Nutze passende Projektideen, um dein Wissen anzuwenden.

5. Lasse dir schwierige Konzepte in einfacher Sprache erklären (Feynman-Technik).

6. Verwende die sokratische Methode: Lass dir Fragen stellen, um dein Wissen zu vertiefen.

ChatGPT als Mentor nutzen

1. **Prompt (Gib bei ChatGPT ein):**

   "Ich möchte mehr über X lernen. Identifiziere die wichtigsten 20 % des Wissens, die 80 % des Themas abdecken."

2. Gib ChatGPT die Rolle eines Experten: „Du bist Experte in X. Ich möchte, dass du mich coachst."

3. Lasse dir einen Lernplan erstellen, der dein Ziel so schnell wie möglich erreicht.

4. Drucke den Plan aus oder integriere ihn in deinen Kalender.

5. Lass dir Zusammenfassungen geben: „Erkläre die wichtigsten Konzepte einfach."

6. Teste dein Wissen regelmäßig. Lass dir Fragen stellen (von ChatGPT).

7. Lasse dir verschiedene Ressourcen und Projektideen vorschlagen.

Wie lernen erfolgreiche Harvard-Studenten?

Menschen können nur etwa sieben Informationseinheiten gleichzeitig im Kurzzeitgedächtnis halten. Erfolgreiche Lernmethoden sind:

1. **Spaced Repetition**: Wiederhole Inhalte mit wachsender Zeitspanne (z. B. 8 Stunden, 1 Tag, 2 Tage, 4 Tage). Mehr dazu im nächsten Kapitel **„Anki App"**

2. **Retrieval Practice**: Lies einen Text, schau weg und überlege, was du gerade gelesen hast.

3. **Interleaving**: Wechsle zwischen Themen, statt eins lange durchzuarbeiten.

4. **Elaborative Interrogation**: Stelle Fragen, bis es Sinn ergibt.

3 Grundsätze - Schneller Etwas merken (Orange)

Schneller/besser etwas merken: 6 Methoden

1. Auto- und Ortmethode

- Informationen so ordnen, dass der Verstand Verbindungen zwischen ihnen herstellen kann.

2. Verankern

REIMEN

"See you later, alligator"
"fake it 'till you make it"

Zahl — **Zwei**
2
Wort — **Shoe**

FORM-METHODE

Alphabet

2OSb7h

- Assoziationen mit Formen & Reimen

3. Namen merken
- Person mit Berühmtheiten mit selben/ähnlichen Namen
verbinden (kleine Geschichte, Film)
- Körperliche Merkmale mit Leuten vergleichen, die

denselben Namen haben

4. Gedanken & Geschichten verknüpfen
- alle Informationen, die man benötigt in einer Liste von
Schlüsselwörtern zusammenfassen, dann in sinnvolle
"Link-geschichte umwandeln

5. Zahlen

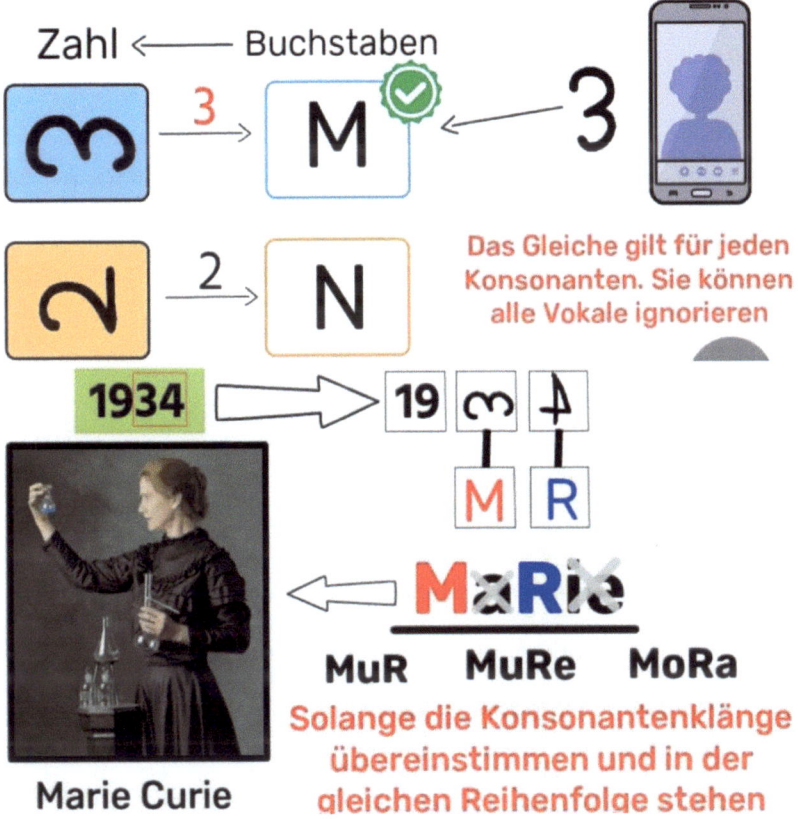

Das Gleiche gilt für jeden
Konsonanten. Sie können
alle Vokale ignorieren

MuR   MuRe   MoRa

Solange die Konsonantenklänge
übereinstimmen und in der
gleichen Reihenfolge stehen

Marie Curie

6. Kunst Diagramme

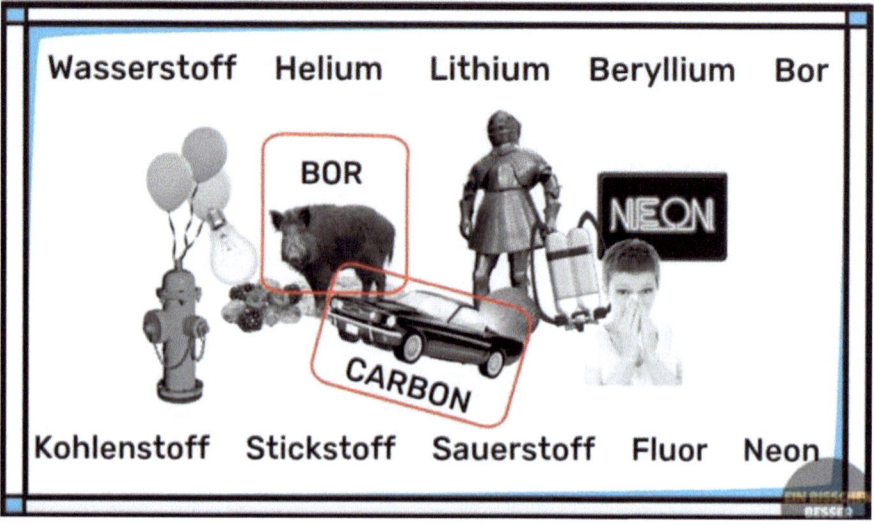

Wasserstoff   Helium   Lithium   Beryllium   Bor

Kohlenstoff   Stickstoff   Sauerstoff   Fluor   Neon

Die besten Lerntipps

1. Kurze Lerneinheiten

2. Immer zur gleichen Zeit lernen

3. Digitale Karteikarten statt Lesen

4. Klare Lernziele pro Einheit

5. Defizite erkennen und nacharbeiten

6. In einer Gruppe lernen oder den Stoff jemandem erklären

7. Fester Lernort

8. Mnemonische Techniken nutzen (Eselsbrücken, verrückte Geschichten)

9. Kein Smartphone beim Lernen

22

Mit diesen Strategien bist du bestens gerüstet, um dein Lernen zu optimieren und schneller, nachhaltiger Fortschritte zu machen.

Kapitel 2: Anki App – Die Geheimwaffe des effektiven Lernens

In der heutigen Welt des Wissens ist Lernen eine entscheidende Fähigkeit. Aber es geht nicht nur darum, viel zu lernen – es geht darum, sich die richtigen Dinge langfristig zu merken. Eine der besten Methoden, um Wissen dauerhaft im Gedächtnis zu verankern, ist die **Spaced-Repetition-Technik**, und die Anki-App ist eines der leistungsstärksten Werkzeuge, um diese Methode umzusetzen. In diesem Kapitel erfährst du, wie Anki funktioniert, warum Spaced Repetition so effektiv ist und wie du sinnvolle Karteikarten erstellst, die dir einen maximalen Lernerfolg ermöglichen.

Was ist Spaced Repetition?

Spaced Repetition basiert auf einem einfachen, aber mächtigen Prinzip der kognitiven Psychologie: **Wiederholung zu gestaffelten Zeitpunkten** erhöht die Wahrscheinlichkeit, dass Informationen langfristig im Gedächtnis bleiben. Es widerspricht der klassischen Methode des „Bulimie-Lernens", bei dem du alles auf einmal in dich hineinstopfst und nach kurzer Zeit wieder vergisst.

Warum Spaced Repetition funktioniert

Das menschliche Gehirn hat die Tendenz, Informationen zu vergessen, wenn sie nicht wiederholt werden – bekannt als die „Vergessenskurve". Spaced Repetition setzt genau dort an:

1. **Intervallbasierte Wiederholungen**: Je besser du dir eine Information merken kannst, desto länger ist das Intervall bis zur nächsten Wiederholung.

2. **Optimierung durch Algorithmus**: Anki berechnet, wann du eine Karteikarte wiederholen solltest, basierend auf deiner Erinnerung an die vorherige Antwort.

Studien zeigen, dass diese Methode das langfristige Behalten signifikant verbessert. Während einmaliges Pauken nur kurzfristige Effekte hat, speichert Spaced Repetition Informationen im Langzeitgedächtnis.

Warum Anki die ideale Spaced-Repetition-App ist

Anki ist eine digitale Karteikartenanwendung, die auf Spaced Repetition basiert. Sie ist ideal, weil:

- **Automatisierte Zeitpläne**: Anki erinnert dich genau dann an Karten, wenn du sie fast vergessen würdest.

- **Flexibilität**: Du kannst Text, Bilder, Audio und sogar mathematische Formeln einfügen.

- **Anpassbare Decks**: Du kannst eigene Kartensätze erstellen oder auf riesige, vorgefertigte Sammlungen zugreifen.

- **Effizientes Lernen**: Anki minimiert den Zeitaufwand, indem es den Lernprozess individuell auf deine Fortschritte abstimmt.

Wie du sinnvolle Karteikarten mit Anki erstellst

Gute Karteikarten sind der Schlüssel zum Erfolg. Doch was macht eine Karteikarte effektiv? Hier sind einige bewährte Tipps:

1. Eine Frage pro Karteikarte

Vermeide es, mehrere Informationen auf einer Karteikarte zu bündeln.
Schlecht:
„Was sind die sechs wichtigsten Lernmethoden?"
Besser:
„Was ist Retrieval Practice?"
„Wie funktioniert Spaced Practice?"
„Was ist der Vorteil von Interleaving?"

2. Aktives Erinnern statt passiver Wiederholung

Formuliere Fragen so, dass du aktiv nachdenken musst. Anstatt Fakten zu kopieren, zwinge dich, die Antwort in eigenen Worten zu formulieren.
Schlecht:
„Der Mensch kann nur sieben Informationseinheiten im Kurzzeitgedächtnis speichern."
Besser:
„Wie viele Informationseinheiten kann das Kurzzeitgedächtnis speichern?"

3. Nutze Bilder und Visualisierungen

Unser Gehirn erinnert sich besser an Bilder als an reinen Text. Verwende Diagramme, Mindmaps oder Symbolbilder, um Konzepte zu verdeutlichen.

4. Vermeide zu komplexe Karten

Halte die Informationen kurz und präzise. Lange Erklärungen eignen sich besser für Notizen als für Karteikarten.

5. Baue Gedächtnishilfen (Eselsbrücken) ein

Wenn du komplexe Informationen lernen musst, kannst du kreative Eselsbrücken nutzen. Diese machen den Lernstoff unterhaltsam und leichter merkbar.

Die besten Lernpraktiken mit Anki

1. **Tägliche Wiederholungen einplanen**
   Anki funktioniert nur dann, wenn du regelmäßig wiederholst. Selbst 10 bis 15 Minuten pro Tag bringen langfristig enorme Ergebnisse.

2. **Ergänze Spaced Repetition mit Retrieval Practice**
   Teste dich selbst, bevor du die Antwort aufdeckst. Lies die Karteikarte, schließe die Augen und überlege, was du weißt. Erst dann sieh nach, ob du richtig lagst.

3. **Verwende Anki für alle Lernbereiche**
   Anki ist nicht nur für Vokabeln ideal. Du kannst es für medizinisches Wissen, mathematische Formeln, historische Daten oder jede andere Art von Fakten nutzen.

4. **Vermeide passives Durchklicken**
   Sei ehrlich, wenn du eine Karte nicht wusstest, und markiere sie entsprechend. Der Algorithmus passt sich an, um dir die schwierigen Karten häufiger zu zeigen.

So integrierst du Anki in deinen 4-Schritte-Lernplan

1. **Priming**: Scanne dein Lernmaterial und identifiziere die Schlüsselkonzepte. Erstelle dann Karten für diese Hauptideen.

2. **Lernen in Ebenen**: Beginne mit den grundlegenden Fragen und füge später komplexere Karten hinzu.

3. **Notizen machen**: Erstelle zunächst grobe Mindmaps oder Skizzen und konvertiere diese in spezifische Karteikarten.

4. **Wiederholung**: Nutze Anki als zentrales Werkzeug, um Inhalte aus verschiedenen Perspektiven zu wiederholen.

Fazit

Anki kombiniert die Wissenschaft des Spaced Repetition mit der Einfachheit digitaler Karteikarten. Sie spart dir Zeit, verbessert deine Lernergebnisse und hilft dir, Wissen langfristig zu behalten. Wenn du Anki noch nicht nutzt, ist jetzt der perfekte Moment, diese Geheimwaffe in dein Lernarsenal aufzunehmen.

Wie du die Anki App herunterlädst:

PC/Mac: https://apps.ankiweb.net/

Apple: https://apps.apple.com/de/app/anki-pro-karteikarten-lernen/id1573585542

AnkiDroid Karteikarten

AnkiDroid Open Source Team

4,8★	10 Mio.+	0
137.000 Rezensionen ⓘ	Downloads	USK ab 0 Jahren ⓘ

Google Play/ Android:

https://play.google.com/store/apps/details?id=com.ichi2.anki&hl=de

Ich empfehle jeden Anki zu nutzen und wer schnell eine Übersicht haben möchte, dem empfehle ich folgendes YouTube Video:

Das ultimative Anki Tutorial - Vom Anfänger zum Profi in 15 Minuten (Anleitung auf Deutsch)

https://www.youtube.com/watch?v=9LcfzQwCHeU

Hauptmenü: "Decks"

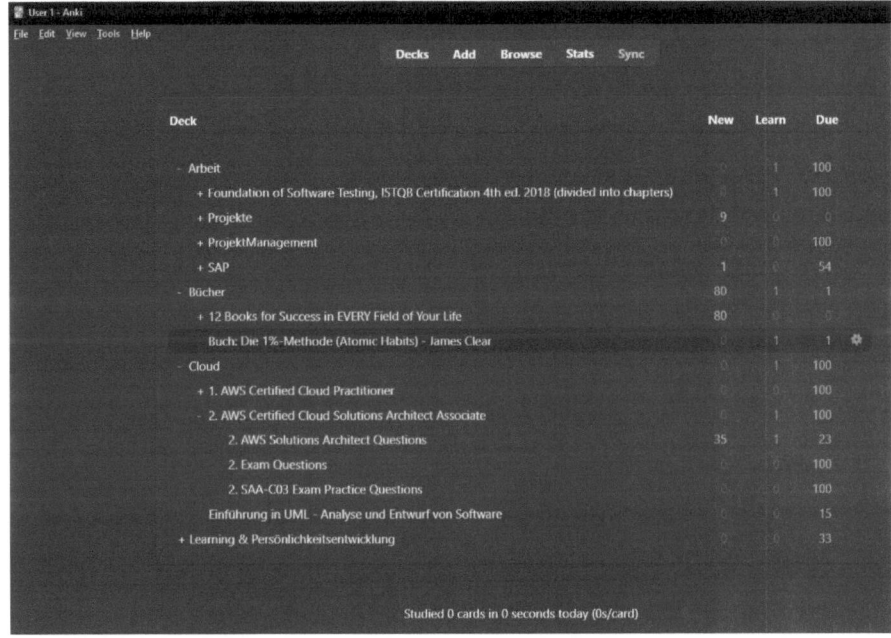

Erstellen von Karten "Add"

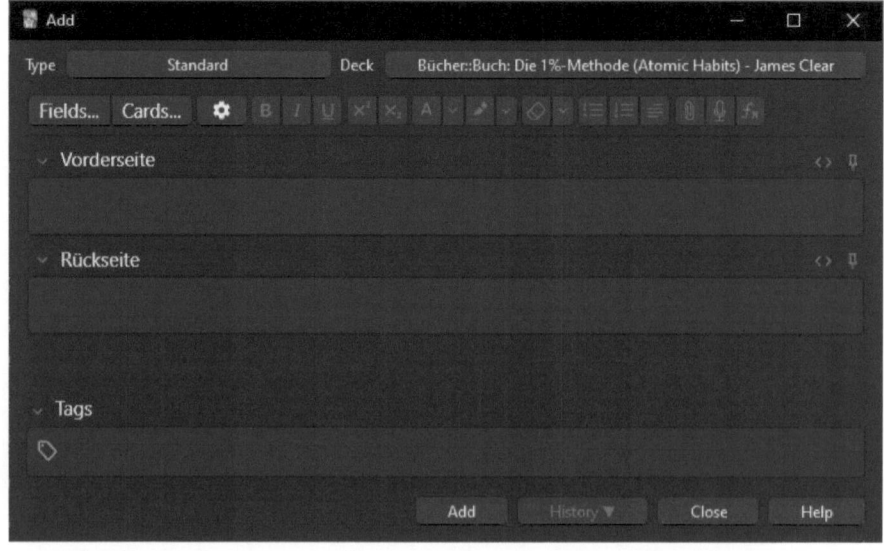

Kapitel 3: Mentale Gesundheit – Die Kraft des fokussierten Lebens

Ein erfülltes und produktives Leben erfordert mehr als Wissen und Fähigkeiten – es braucht mentale Stärke und den richtigen Fokus. Mentale Gesundheit ist die Basis für nachhaltige Leistung, Zufriedenheit und persönliche Entwicklung. In diesem Kapitel zeige ich dir, wie du Klarheit und Struktur in dein Leben bringst, warum Multitasking deine Effizienz sabotiert und wie du den Prinzipien eines fokussierten Lebens folgst, um langfristig ausgeglichen und erfolgreich zu sein.

Die Kraft des fokussierten Lebens: Vision als Motor des Handelns

Stell dir ein Fußballspiel ohne Tore vor. Die Spieler laufen hektisch über das Feld, doch es gibt kein Ziel, keinen Punkt, auf den sie zusteuern. Dieses Bild veranschaulicht, was passiert, wenn dein Leben ohne Vision und Struktur verläuft – Energie verpufft in ziellosem Handeln, und das Potenzial bleibt ungenutzt.

Visionen sind wie Tore im Fußball: Sie setzen Kraft frei und geben deinem Leben Richtung. Sobald du klare Ziele und Prioritäten festlegst, spürst du eine neue Dynamik. Ohne Fokus hingegen verschwendest du Energie auf unwichtige Dinge, was anstrengender ist als jede zielgerichtete Anstrengung.

Prinzip: Worauf du zusteuerst, bestimmt, wer du bist

Deine Gedanken formen dich langfristig. Der Mensch, der du heute bist, ist das Ergebnis deiner vergangenen Entscheidungen. Die Person, die du in Zukunft sein wirst, hängt davon ab, welche Vision du verfolgst. Daher: **Übernimm Verantwortung für dein Leben und steuere bewusst auf dein Ziel zu**.

Ein einfaches Werkzeug für den Alltag: Wenn dich etwas ärgert, frage dich: „Wird das in zehn Jahren noch wichtig sein?" Falls die Antwort „nein" ist, lass los und verschwende keine Energie darauf.

Multitasking: Der Feind des Fokus

Multitasking wird oft als Zeichen von Effizienz betrachtet. Doch das Gegenteil ist der Fall: Es zerstört den Fokus, erhöht Stress und führt zu schlechteren Ergebnissen. Menschen, die ständig zwischen Aufgaben wechseln, sind nicht produktiver – sie sind einfach nur ausgelaugter.

Multitasking macht unentspannt

Wenn du zwischen Aktivitäten hin- und herwechselst, gibst du deinem Geist keine Gelegenheit, in einen **Zustand tiefer Ruhe** zu gelangen. Paradoxerweise ist echter Fokus notwendig, um wirklich zu entspannen. Die Fähigkeit, ganz in einer Tätigkeit aufzugehen, schafft eine Art von Ruhe, die du durch Ablenkung nie erreichen kannst.

Fokussiertes Arbeiten → gute Leistung → Zufriedenheit.

Innerer Fokus bringt Entspannung

Ein innerer Fokus bedeutet, dass du klare Grenzen setzt – sowohl zeitlich als auch mental. Das hilft dir, Prioritäten zu setzen und Überforderung zu vermeiden. Doch der Weg zu diesem Zustand ist voller Herausforderungen. Lass uns die vier größten Feinde deines Fokus betrachten.

1. Angst vor Burnout

Burnout entsteht nicht einfach durch Überarbeitung, sondern durch **unsystematische Anstrengung ohne klaren Fokus**. Weniger zu tun ist nicht die Lösung – besser zu arbeiten, indem du deine Energie auf das Wichtige konzentrierst, hingegen schon.

2. Fehlende Proaktivität

Angst vor möglichen negativen Konsequenzen hält dich oft davon ab, wichtige Entscheidungen zu treffen. Doch nichts ist gefährlicher als Stillstand. Warte nicht, bis etwas passiert – handle und übernimm die Kontrolle.

3. Diktatur des Dringenden

Lass dich nicht von scheinbaren Dringlichkeiten gefangen nehmen. Dinge, die **nicht dringend, aber wichtig** sind, wie Gesundheit, Beziehungen und Weiterbildung, müssen **aktiv geplant** werden. Unwichtiges hingegen gehört delegiert oder ignoriert.

4. Verachtung des Kleinen

Große Erfolge beginnen mit kleinen Schritten. Setze realistische Anfangsziele – das steigert Motivation und führt zu nachhaltigem Fortschritt.

Merke: „Plane deine Zeit, sonst tun es andere für dich." Priorisiere, bevor Dringlichkeiten dich übernehmen.

Entscheidungen als Freund: „Give it 10 years!"

Vermeide endloses Grübeln. Entscheide, wohin dein Weg führen soll, auch wenn du falsche Entscheidungen riskierst. **Eine falsche Ausfahrt bringt dich weiter als keine Entscheidung**, denn sie gibt dir Erfahrung. Bleibst du stehen, fährst du im Kreis.

Motivation: Von was weg oder zu was hin?

Die Psychologie zeigt, dass wir oft stärker motiviert sind, unangenehmen Zuständen zu entkommen, als erstrebenswerte Ziele zu erreichen. Ein bekanntes Experiment mit Mäusen zeigte, dass sie sich lieber vom Geruch einer Katze entfernen, als sich zu Käse hinzubewegen. Übertrage dieses Wissen auf dein Leben: Nutze die Kraft der Vermeidung als Motivation – aber behalte deine Vision im Blick.

Die „12 Regeln fürs Leben" – Gedacht wie ein Game

1. **Der Startpunkt ist Zufall:** Wo du beginnst, kannst du nicht beeinflussen, aber was du daraus machst, liegt in deiner Hand.

2. **Das Leben hat keine festen Regeln:** Es gibt keine Garantie, dass das Leben „so sein sollte", wie du es erwartest. Du bestimmst den Kurs.

3. **PVP oder CO-OP:** Du entscheidest, ob du mit anderen konkurrierst oder kooperierst. Wähle bewusst, wann du kämpfen und wann du zusammenarbeiten willst.

4. **Es gibt mächtige Gegner:** Herausforderungen, die größer sind als du selbst, sind Teil des Lebens. Bereite dich darauf vor.

5. **Keine zweite Chance:** Du hast nur ein Leben. Nutze es mit Bedacht.

6. **Wissen bleibt wertvoll:** Dinge, die du lernst, bleiben relevant – Inhalte verfallen nicht.

7. **Misstraue einfachen Lösungen:** „Geheime Abkürzungen" versprechen schnellen Erfolg, aber Wachstum entsteht durch eigene Erfahrungen.

8. **Bereite dich gut vor:** Wenn du Großes erreichen willst, brauchst du die richtigen Werkzeuge und Fähigkeiten.

9. **Erfolg braucht ein Team:** Niemand schafft es allein. Wähle dein Umfeld weise.

10. **Jeder Weg kann zum Ziel führen:** Es gibt nicht nur einen richtigen Lebensweg. Finde deinen eigenen.

11. **Nutze effiziente Strategien:** Wo Automatisierung oder kluge Lösungen helfen, solltest du sie einsetzen.

12. **Dein größter Gegner bist du selbst:** Die ultimative Herausforderung im Leben besteht darin, dich selbst zu meistern.

Konsistenz im Leben – Der Schlüssel zum Erfolg

Ein konsistentes Leben zu führen bedeutet, jeden Tag kleine Fortschritte zu machen und diese mit Geduld und Disziplin zu wiederholen.

- **Denke an das Leben wie an ein Souls-Like-Spiel:** Jede Entscheidung zählt. Jeder Tag ist ein neuer Versuch, auf die beste Version deiner selbst hinzuarbeiten.

- **Liebe dein zukünftiges Ich:** Handle heute so, dass dein zukünftiges Ich dir dankbar sein wird.

- **Sei der Hüter deines Spiels:** Spiele jeden Abschnitt deines Lebens mit Bedacht – nicht nur für dich heute, sondern für dich morgen.

Fazit: Entscheidungen formen dein Leben

Setze klare Visionen, vermeide Multitasking und konzentriere dich auf konsistente, proaktive Handlungen. Mentale Gesundheit ist kein Zufall, sondern das Ergebnis gezielter Anstrengungen. Du bist der Held deiner eigenen Geschichte – spiele sie gut!

Kapitel 4: Mentale Gesundheit – Disziplin

Disziplin als emotionale Erfahrung

Die landläufige Vorstellung, dass Disziplin allein von eiserner Willenskraft oder festen Gewohnheiten abhängt, ist eine Vereinfachung. Einem Artikel mit dem Titel „Discipline Is Actually An Emotion" zufolge basiert Disziplin in Wirklichkeit auf einer emotionalen Erfahrung, die entwickelt und kultiviert werden kann. Sie ist keine starre Eigenschaft, sondern ein dynamischer Prozess, bei dem emotionale Zustände wie Entschlossenheit eine zentrale Rolle spielen. Diese Perspektive bietet einen nachhaltigen Ansatz, Disziplin aufzubauen und langfristig beizubehalten.

Warum Willenskraft alleine nicht reicht

Willenskraft kann kurzfristig effektiv sein, um Verhalten zu steuern. Doch dieses mentale Reservoir erschöpft sich mit der Zeit, besonders wenn es ständig gefordert wird. Disziplin hingegen erfordert eine stabilere Grundlage: die emotionale Verankerung in positiven Zuständen wie Entschlossenheit.

Entschlossenheit wirkt im Zusammenhang mit Disziplin als eine Emotion, die Zweifel mindert und motivierendes Verhalten verstärkt. Sie ist wie ein innerer Kompass, der auch bei Herausforderungen den Kurs hält. Wer sich dieser emotionalen Basis bedient, wird unabhängiger von der begrenzten Ressource Willenskraft.

Rituale, Traditionen und Einfachheit

Rituale und Traditionen werden oft als Schlüssel zur Disziplin betrachtet. Sie können Struktur geben und die emotionale Kraft stärken, die Disziplin untermauert. Dennoch warnt der Artikel vor übermäßigem Formalismus. Wenn Rituale zu komplex werden, verlieren sie ihre Essenz. Humor und Einfachheit, wie sie im Zen-Buddhismus praktiziert werden, helfen, die Praxis der Disziplin lebendig und flexibel zu halten.

Eine Übung zur Kultivierung von Entschlossenheit

Eine praktische Methode, um Entschlossenheit zu stärken, besteht darin, täglich zehn Minuten innezuhalten. In dieser Zeit soll die Emotion der Entschlossenheit bewusst empfunden werden. Dabei können kleine, realistische Ziele gesetzt werden. Ein Beispiel wäre der bewusste Verzicht auf ein Genussmittel wie Eiscreme. Solche kleinen Schritte bauen kontinuierlich die Fähigkeit zur Selbstkontrolle auf.

Die Bedeutung kleiner, erreichbarer Ziele

Warum sind kleine Ziele so wirkungsvoll? Sie schaffen Erfolgserlebnisse, die mit positiven Gefühlen verbunden sind. Diese positiven Zustände verstärken die Entschlossenheit und bereiten den Boden für größere Herausforderungen. Disziplin wird so zu einer kaskadierenden Erfahrung, bei der jeder kleine Sieg die Motivation für den nächsten Schritt erhöht.

Emotionale Taubheit und ihre Hindernisse

Eine weitere Herausforderung für Disziplin ist emotionale Taubheit. Wer seine Emotionen – positive wie negative – nicht mehr deutlich wahrnimmt, verliert die Fähigkeit, Disziplin zu entwickeln. Diese emotionale Abstumpfung entsteht häufig durch übermäßigen Konsum von Technologie oder durch den Missbrauch von Drogen, die negative Gefühle betäuben, aber auch das positive Empfinden blockieren.

Wie das Gehirn Emotionen verarbeitet

Interessanterweise verarbeiten wir negative und positive Emotionen unterschiedlich. Negative Emotionen sind in spezifischen Gehirnregionen klar lokalisiert. Positive Emotionen hingegen sind breiter vernetzt und weniger greifbar. Dies erklärt, warum es leichter ist, von Angst oder Frustration überwältigt zu werden, während Freude und Zufriedenheit subtiler und flüchtiger erscheinen.

Eine langfristige Strategie

Die Kultivierung von Entschlossenheit ist ein fortlaufender Prozess. Eine empfohlene Strategie ist, die bewusste Praxis dieser Emotion mindestens 30 Tage lang täglich zu wiederholen. Nach dieser Phase können größere, bedeutungsvolle Ziele in den Fokus rücken, die dann mit einer soliden Basis an emotionaler Disziplin verfolgt werden.

Technologie und Drogen: Der Weg zu mehr Klarheit

Der bewusste Verzicht auf Technologien, die ständige Ablenkung bieten, sowie auf Substanzen, die die Wahrnehmung dämpfen, ist entscheidend. Dadurch wird nicht nur die emotionale Taubheit reduziert, sondern auch die Fähigkeit gestärkt, authentische emotionale Erfahrungen zu machen. Diese sind die Grundlage für nachhaltige Disziplin.

Kapitel 5: Mentale Gesundheit - Glücklichsein

Glücklichsein ist ein Ziel, das viele Menschen verfolgen, doch es erfordert ein Verständnis der Mechanismen, die Freude und Zufriedenheit in unserem Leben beeinflussen. In diesem Kapitel beleuchten wir, was Anhedonie ist, wie Dopamin unser Glücksempfinden steuert und welche Strategien helfen, die Freude im Alltag wiederzufinden.

Was ist Anhedonie und wie äußert sie sich?

Anhedonie ist die Unfähigkeit, Freude zu empfinden. Sie betrifft oft Menschen, die sich emotional flach oder entfremdet fühlen, und zeigt sich in einem Verlust von Motivation und Interesse an Dingen, die früher Freude bereiteten. Besonders Jugendliche können unter Anhedonie leiden, da ihre dopaminergen Schaltkreise besonders empfindlich auf Stress und andere externe Einflüsse reagieren.

Die Rolle von Dopamin bei der Freudeempfindung

Dopamin ist ein zentraler Neurotransmitter, der das Verlangen nach Belohnung und das Empfinden von Freude steuert. Wenn wir eine angenehme Erfahrung machen, setzt das Gehirn Dopamin frei, das uns dazu motiviert, dieses Verhalten zu wiederholen. Probleme in den dopaminergen Bahnen können jedoch dazu führen, dass selbst früher geliebte Tätigkeiten keine Freude mehr bereiten.

Warum bestimmte Aktivitäten Freude bereiten und andere nicht

Freude hängt weniger von der Aktivität selbst ab, sondern davon, wie unser Gehirn auf sie reagiert. Das heißt, eine

Tätigkeit, die einmal Vergnügen bereitete, kann bei Dopaminmangel plötzlich gleichgültig erscheinen. Um Freude zurückzugewinnen, müssen wir die Bedingungen schaffen, unter denen Dopamin wieder effektiv wirken kann.

Einfluss der Lebenssituation auf die Freude

Menschen mit einer erfüllten Karriere oder einem stabilen Gesundheitszustand empfinden oft mehr Freude an kleinen Alltagsmomenten. Ist jedoch eine dieser Lebensdimensionen belastet, kann selbst eine ansonsten angenehme Erfahrung farblos wirken. Dies zeigt, wie wichtig es ist, ein Gleichgewicht zwischen persönlicher Zufriedenheit und äußeren Lebensumständen zu finden.

Freude steigern bei Gefühl der Überforderung

Wenn wir uns überwältigt fühlen, kann die Reduktion unserer Wünsche und Erwartungen Wunder bewirken. Statt alles gleichzeitig zu erreichen, hilft es, sich auf ein oder zwei wesentliche Lebensbereiche zu konzentrieren. Kleine, erreichbare Ziele schaffen Erfolgserlebnisse und können die Motivation neu entfachen.

Warum Videospiele und soziale Medien so anziehend sind

Videospiele und soziale Medien bieten schnelle Dopaminausschüttungen und befriedigen unser Gehirn sofort. Diese einfachen Dopaminquellen sind jedoch nicht nachhaltig. Sie verstärken langfristig das Gefühl der Leere und erhöhen das Risiko, Freude an realen, komplexeren Aktivitäten zu verlieren.

Der Effekt minderwertiger Dopaminquellen

Wenn wir uns hauptsächlich auf minderwertige Dopaminquellen wie ständiges Scrollen auf dem Smartphone verlassen, verringert sich die Fähigkeit, Freude an tiefergehenden Erlebnissen zu empfinden. Diese Abhängigkeit macht uns langfristig anfälliger für Anhedonie.

Der Einfluss unerfüllter Wünsche

Viele offene und unerfüllte Aufgaben dämpfen die Freude an bereits erzielten Erfolgen. Wenn unser Fokus auf unerreichten Zielen liegt, verlieren wir die Fähigkeit, den Augenblick zu genießen. Dies führt zu einem konstanten Zustand der Unzufriedenheit.

Schutz vor emotionaler Überforderung

Um emotionale Überforderung zu vermeiden und gleichzeitig mehr Freude zu empfinden, ist es entscheidend, den Fokus auf eine einzige Aufgabe zu legen. Indem wir kleinere Erfolge bewusst wahrnehmen und uns von unerfüllten Wünschen nicht ablenken lassen, stärken wir unser inneres Gleichgewicht.

Langfristige Strategie für Motivation und Freude

Eine langfristige Strategie zur Steigerung der Lebensfreude besteht darin, hohe Ansprüche zu reduzieren, Geduld zu entwickeln und Fortschritte in kleinen Schritten zu erzielen. Kleine Erfolge lösen bedeutende Dopaminreaktionen aus und können eine stabile Grundlage für anhaltende Zufriedenheit schaffen.

Freude und Fortschritt in Lebensbereichen

Menschen empfinden höhere Zufriedenheit, wenn sie in einem Lebensbereich bereits weit fortgeschritten sind. Dies liegt daran, dass jede weitere Einheit an Fortschritt hier mehr als lohnend empfunden wird.

Key figure

A new model of subjective hedonic experience

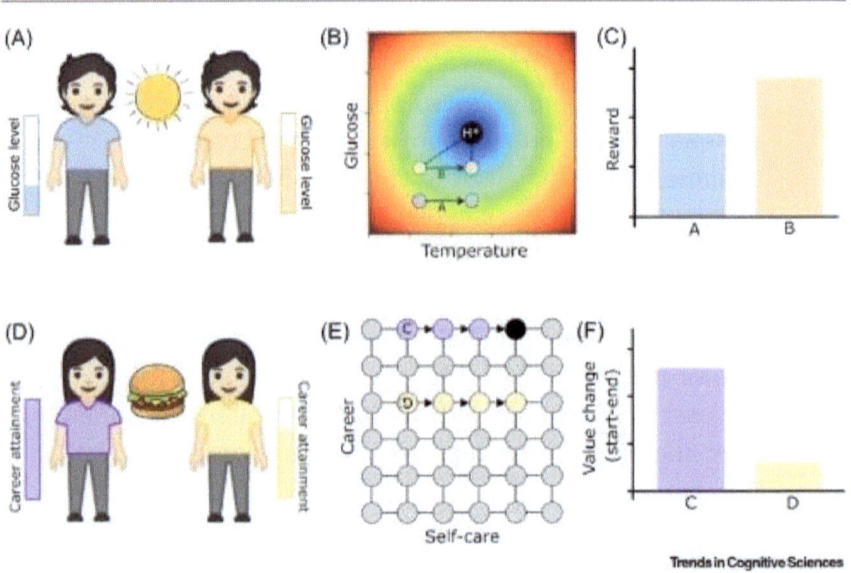

Figure 1. (A) illustrates a homeostatic reinforcement learning (RL) setting with two individuals who experience different rewards from sunshine due to their unrelated glucose levels. As illustrated in (B), both individuals have a central set-point (H*) where temperature and glucose levels are optimal. Both individuals experience the same increase in temperature from the sunshine, illustrated by the arrows. However, they begin with different glucose levels, with blue having glucose levels at greater Euclidian distance (D) to the set-point than orange, hence at different starting positions (H_0) and end positions (H_1).

Wie viele Fortschrittseinheiten brauchst du?

Das Gefühl von Freude und Motivation steigt, wenn du deinen Gesamterfolg in kleinere Schritte zerlegst und dich darauf konzentrierst, was den größten Fortschritt im Verhältnis zu deiner Anstrengung bringt. Diese Strategie maximiert den Nutzen von Dopaminausschüttungen und steigert langfristig dein Wohlbefinden.

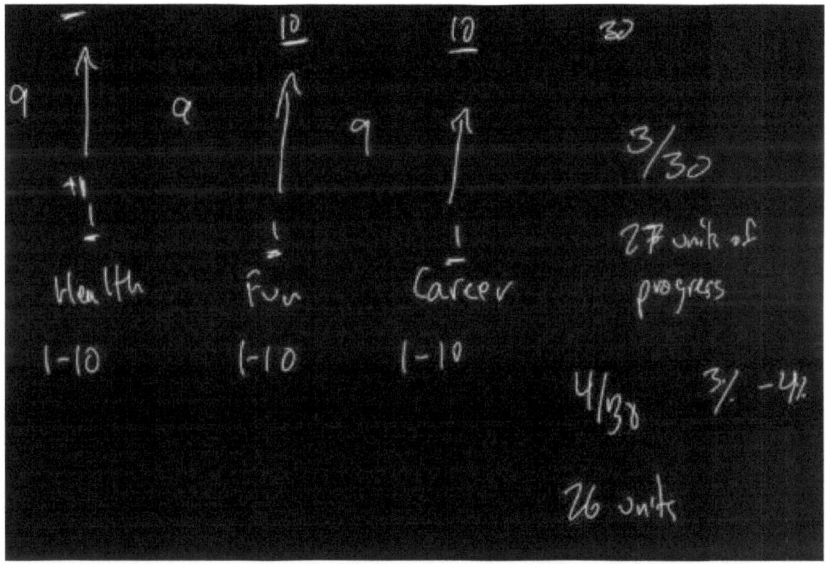

Wenn du also z.B. in den Bereichen Gesundheit (Health), Spaß im Leben (Fun) und Karriere (Career) dir jeweils 1 von 10 möglichen Punkten gibst, so hast du 3/30 möglichen Punkten. Wenn du nach dem Modell dich in einem Bereich um 1 Punkt verbesserst, so beträgt dein Gesamtfortschritt nur 3-4 %, was eher demotivieren wirken wird.

Wie lösen wir das Problem?

Teile deine Gesamtziele in kleinere Schritte auf und arbeite an dem nächsten Ziel, das den größten prozentualen Fortschritt bringt.

Dadurch lösen kleine Fortschritte eine viel stärkere Dopaminreaktion aus und führen zu mehr Zufriedenheit.

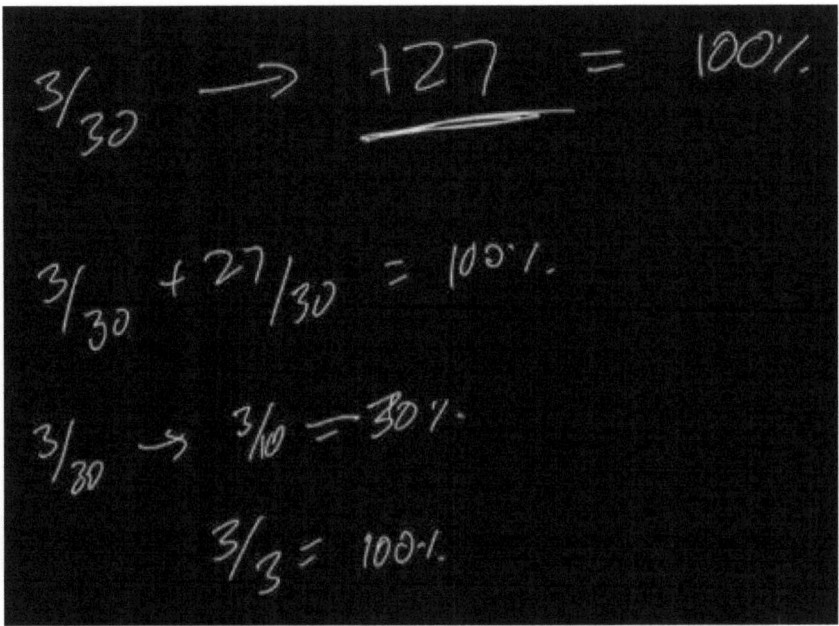

Wenn du dir kleinere Ziele setzt, werden so die prozentualen Zugewinne in allen Bereichen ungemein größer. Wenn du z.B. 3 Bereiche hast, in denen du dir 0 Punkte gibst, aber das Erreichen des nächsten kleinen Ziels gibt dir 33% vom Gesamterfolg, so ist die Motivation ungemein größer.

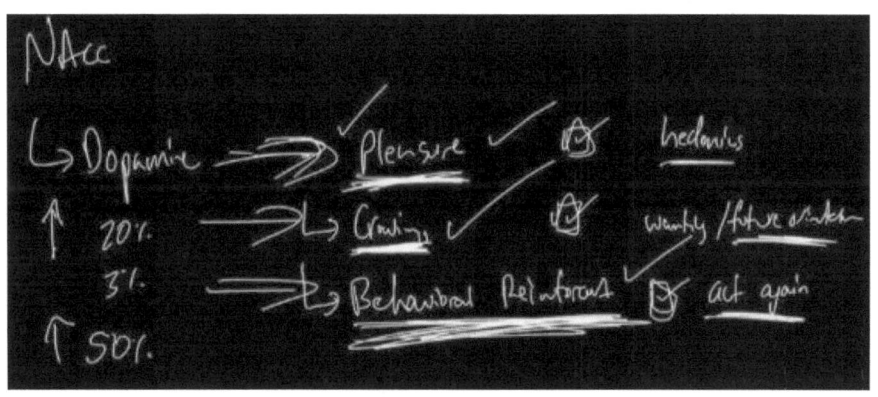

Kapitel 6: Mentale- & körperliche Gesundheit – Gewohnheiten entwickeln

Einführung: Gewohnheiten und ihre Bedeutung für die mentale Gesundheit

Mentale Gesundheit ist ein dynamischer Prozess, der mit den Gewohnheiten zusammenhängt, die wir tagtäglich pflegen. Es sind nicht nur unsere großartigen Bestrebungen und Pläne, die unser Leben bestimmen, sondern vielmehr die unzähligen kleinen Handlungen, die wir routinemäßig ausführen. Diese alltäglichen Gewohnheiten, oft unscheinbar und unbemerkt, prägen unser Denken, Fühlen und Handeln – und damit unsere gesamte Lebensqualität.

James Clear, der Autor des Buches *Atomic Habits*, beschreibt Gewohnheiten als die kleinsten Bausteine unseres Lebens, die uns dabei helfen, erfolgreich durch den Alltag zu navigieren. Genau diese Gewohnheiten bilden die Grundlage für alle anderen Handlungen, die wir im Laufe unseres Lebens unternehmen. Sie sind wie die Atome der materiellen Welt: unsichtbar, aber entscheidend für die Struktur und das Funktionieren unseres Lebens.

In diesem Kapitel wollen wir uns intensiv mit der Frage beschäftigen, wie wir durch das Entwickeln von positiven Gewohnheiten die mentale Gesundheit stärken und ein Leben in Balance und Erfüllung führen können. Dabei werden wir auf die 1%-Methode eingehen, die eine tiefgreifende Veränderung durch kleine, kontinuierliche Verbesserungen verspricht.

Was haben Gewohnheiten mit Atomen zu tun?

Die Metapher von James Clear, dass Gewohnheiten die "Atome" unseres Lebens sind, ist nicht zufällig gewählt. Atome sind die kleinsten Bausteine der Materie, und so sind Gewohnheiten die kleinsten Bausteine unseres Verhaltens und unserer Lebensgestaltung. Diese Gewohnheiten mag man zunächst als unbedeutend oder nebensächlich wahrnehmen, aber sie sind es, die unsere täglichen Handlungen und damit auch unsere langfristigen Ergebnisse prägen.

Clear veranschaulicht dies am Beispiel von zwei Menschen, die einen täglichen Spaziergang von 20 Minuten in ihren Tagesablauf integrieren. Es mag auf den ersten Blick wie eine triviale Veränderung erscheinen, doch wenn man diese Gewohnheit über Monate und Jahre hinweg fortführt, können die physischen und mentalen Vorteile enorm sein. Im Laufe der Zeit sammeln sich die positiven Effekte an, und der Unterschied zu einem Leben ohne diese kleine Gewohnheit wird immer größer.

Die 1%-Methode: Kleine Veränderungen, große Wirkung

Die 1%-Methode ist ein zentrales Konzept aus *Atomic Habits*. Es besagt, dass kleine, stetige Verbesserungen sich langfristig zu außergewöhnlichen Ergebnissen kumulieren. Statt auf sofortige, dramatische Veränderungen zu hoffen, geht es darum, jeden Tag um 1% besser zu werden. Über die Zeit summieren sich diese kleinen Fortschritte und führen zu einem exponentiellen Wachstum.

Ein Beispiel aus der Praxis: Wenn du versuchst, deine mentale Gesundheit zu verbessern, ist es oft nicht die eine große Veränderung, die den Unterschied ausmacht, sondern die kleinen, aber kontinuierlichen Handlungen, die du in deinen Alltag integrierst. Es sind die täglichen Meditationseinheiten, das regelmäßige Tagebuchschreiben, das Einhalten von Pausen und das bewusste Pflegen positiver Denkmuster, die sich langfristig bemerkbar machen.

Die Veränderung durch die 1%-Methode ist subtil und langsam, aber sie führt zu einer nachhaltigen Transformation. Wenn du dich jeden Tag ein kleines Stück verbesserst, wird der Fortschritt irgendwann nicht mehr zu übersehen sein. Dieser Ansatz eignet sich besonders gut für die Entwicklung von Gewohnheiten, die langfristig die mentale Gesundheit unterstützen, wie z. B. Achtsamkeit, Bewegung und Selbstfürsorge.

Positive und negative Gewohnheiten: Der kumulative Effekt

Wie bereits erwähnt, wirken sich Gewohnheiten sowohl positiv als auch negativ auf unser Leben aus. James Clear vergleicht den kumulierten Effekt von Gewohnheiten mit dem Zinseszinseffekt: Kleine, tägliche Handlungen – sei es positiv oder negativ – akkumulieren sich im Laufe der Zeit und können enorme Auswirkungen haben. Wenn du beispielsweise jeden Tag eine halbe Stunde spazieren gehst oder meditierst, wirst du feststellen, dass sich deine mentale Gesundheit erheblich verbessert, selbst wenn die einzelnen Schritte zunächst unscheinbar erscheinen.

Das Gleiche gilt jedoch auch für negative Gewohnheiten. Negative Gedanken, ungesunde Ernährungsgewohnheiten oder das ständige Aufschieben von Aufgaben können sich im Laufe der Zeit summieren und zu ernsthaften mentalen und physischen Problemen führen. Der kumulierte Effekt von negativen Gewohnheiten kann so mächtig sein wie der von positiven.

Ein Zitat von James Clear fasst dies treffend zusammen:

„Negative Gedanken kumulieren. Je mehr du dich selbst als wertlos, dumm oder hässlich betrachtest, desto mehr konditionierst du dich darauf, das Leben auf diese Weise zu interpretieren. Du verfällst in eine Gedankenschleife. Das gleiche gilt für die Art, wie du über andere denkst. Sobald du dich daran gewöhnt hast, Menschen als wütend, ungerecht oder egoistisch zu sehen, wirst du diese Art von Menschen überall sehen."

Dieses Zitat verdeutlicht, wie wichtig es ist, nicht nur positive Gewohnheiten aufzubauen, sondern auch negative Denkmuster und Handlungen zu erkennen und zu verändern. Denn unser Verhalten ist oft das Resultat von Mustern, die wir über Jahre hinweg verinnerlicht haben.

Wie lange dauert es, Gewohnheiten aufzubauen?

Es gibt viele Mythen über den Zeitraum, den es braucht, um eine neue Gewohnheit zu entwickeln. Einer der bekanntesten ist der Glaube, dass es nur 21 Tage braucht, um eine Gewohnheit zu etablieren. Dieser Mythos stammt von Dr. Maxwell Maltz, einem Schönheitschirurgen aus den 1950er Jahren, der in seiner Praxis feststellte, dass seine Patienten im Durchschnitt 21 Tage benötigten, um sich an ein verändertes Aussehen zu gewöhnen. Diese Beobachtung wurde später auf die Bildung von Gewohnheiten übertragen, was jedoch nicht wissenschaftlich belegt ist.

Eine Studie des University College London aus dem Jahr 2009 zeigte, dass es im Durchschnitt 66 Tage dauert, bis eine neue Gewohnheit zur Routine wird. Diese Zahl variiert jedoch je nach der Komplexität der Gewohnheit und der Motivation des Individuums.

Die Dauer, die du benötigst, um eine Gewohnheit zu entwickeln, hängt von verschiedenen Faktoren ab, einschließlich der Häufigkeit der Handlung, der Schwierigkeit der Aufgabe und der Verbindung dieser Gewohnheit zu deiner Identität. Zum Beispiel wird es dir wahrscheinlich leichter fallen, die Gewohnheit des täglichen Lesens zu entwickeln, wenn du das Gefühl hast, dass es zu deiner Identität als wissbegierige Person passt.

Die Gewohnheitsschleife (Habit Loop)

Ein zentrales Konzept, das James Clear in *Atomic Habits* beschreibt, ist die Gewohnheitsschleife (habit loop). Jede Gewohnheit besteht aus vier Hauptkomponenten: dem Reiz, dem Verlangen, der Reaktion und der Belohnung. Diese Schleife beschreibt den Prozess, wie eine Gewohnheit entsteht und wie sie unser Verhalten steuert.

1. **Reiz (Cue):** Ein Signal, das das Verlangen nach einer Handlung auslöst. Das kann ein äußerer Reiz wie der Geruch von Kaffee oder ein inneres Bedürfnis wie Stress sein.

2. **Verlangen (Craving):** Das Bedürfnis, das durch den Reiz ausgelöst wird. Du verspürst den Drang, etwas zu tun, um ein bestimmtes Gefühl zu erleben.

3. **Reaktion (Response):** Die Handlung, die du aufgrund des Verlangens ausführst. Du gehst etwa in die Küche, um dir einen Kaffee zu machen.

4. **Belohnung (Reward):** Das angenehme Gefühl oder die Erfüllung, die du durch die Handlung erhältst. In diesem Fall die entspannende Wirkung des Kaffees oder die Erleichterung von Stress.

Die Gewohnheitsschleife ist ein mächtiges Werkzeug, das uns hilft, Gewohnheiten zu entwickeln, indem wir gezielt Reize schaffen, die unsere Handlungen auslösen. Um neue Gewohnheiten zu etablieren, empfiehlt James Clear, diese Schleife bewusst zu gestalten, indem wir neue, gesunde Gewohnheiten mit bereits bestehenden, positiven Handlungen verknüpfen.

Wie integrieren wir neue Gewohnheiten in unseren Alltag?

Die Integration neuer Gewohnheiten in den Alltag erfordert einen systematischen Ansatz. James Clear schlägt vor, die folgenden Schritte zu befolgen, um neue Gewohnheiten erfolgreich zu etablieren:

1. **Mache die Handlung sichtbar**: Eine bewusste Beobachtung und Bewertung deiner aktuellen Gewohnheiten hilft dir, gezielt neue Routinen zu entwickeln. Eine „Habit Scorecard", in der du deine täglichen Handlungen aufzeichnest, kann dir dabei helfen, zu erkennen, welche Gewohnheiten du stärken möchtest und welche du verändern solltest.

2. **Mache die Handlung attraktiv**: Du kannst neue Gewohnheiten in dein Leben integrieren, indem du sie mit bereits bestehenden, angenehmen Handlungen verbindest. Dies nennt man „Habit Stacking". Du könntest zum Beispiel deine Morgenroutine so gestalten, dass du zuerst eine Meditation machst und dich danach mit einer Tasse Kaffee belohnst.

3. **Mache es dir leicht**: Statt zu versuchen, sofort perfekt zu sein, konzentriere dich darauf, die neue Gewohnheit regelmäßig umzusetzen. Besser ist es, jeden Tag eine kleine, machbare Veränderung vorzunehmen, als dich von unrealistischen Zielen entmutigen zu lassen.

4. **Mache die Belohnung befriedigend**: Dein Gehirn lernt schneller, eine Gewohnheit zu etablieren, wenn es unmittelbar nach der Durchführung eine Belohnung erhält. Bei positiven Gewohnheiten kannst du dich selbst nach erfolgreichem Abschluss belohnen, um die Handlung zu verstärken.

Schlussgedanken: Der Prozess ist der Schlüssel

Die Entwicklung neuer Gewohnheiten ist kein einmaliger Sprint, sondern ein langfristiger Prozess. Der wahre Erfolg liegt nicht im Erreichen des Ziels, sondern in der kontinuierlichen, alltäglichen Arbeit, die zu einer nachhaltigen Veränderung führt. Während der Weg dorthin durch kleine Schritte und geduldige Anstrengungen geprägt ist, kann er zu einem tiefgreifenden Wandel in der mentalen Gesundheit und im gesamten Leben führen.

Insgesamt zeigt sich, dass gute Gewohnheiten Zeit benötigen, um zu entstehen, aber dass sie letztlich einen enormen Einfluss auf die Lebensqualität und das Wohlbefinden haben. Kleine Veränderungen können sich, wenn sie kontinuierlich durchgeführt werden, zu monumentalen Ergebnissen kumulieren.

Vermeintlich kleine und unwichtige Veränderungen, die zu bemerkenswerten Ergebnissen führen

Wir leben in einer Welt, in der wir oft das Gefühl haben, dass Veränderungen schnell und dramatisch sein müssen, um wirklich etwas zu bewirken. Doch in Wahrheit sind es gerade die scheinbar kleinen und unbedeutenden Veränderungen, die im Laufe der Zeit zu den größten und nachhaltigsten Ergebnissen führen. Wenn wir in der Lage sind, konsequent und langfristig kleine Veränderungen vorzunehmen, können wir in wenigen Jahren enorme Fortschritte erzielen.

Warum minimale Veränderungen große Wirkungen haben können

Das Prinzip der "minimalen Verbesserung" ist einfach, aber äußerst kraftvoll. Es geht darum, das, was wir verbessern möchten, in seine kleineren Bestandteile zu zerlegen und jeden Tag nur kleine Verbesserungen vorzunehmen. James Clear beschreibt dieses Konzept anhand der 1%-Methode: Wenn du dich an jedem Tag nur um 1% verbesserst, dann wirst du nach einem Jahr um das 37-fache besser sein als zu Beginn.

Zu Beginn wird der Fortschritt vielleicht noch langsam und unscheinbar erscheinen. Doch mit der Zeit setzt ein exponentielles Wachstum ein – das gilt sowohl für positive als auch negative Gewohnheiten. So wie du nach ein paar Wochen oder Monaten nicht sofort ein großes Ergebnis siehst, wirst du nach einigen Jahren auf das Rückblicken eine drastische Veränderung bemerken.

Ein anschauliches Beispiel für diese exponentiellen Veränderungen lässt sich in der Welt der Luftfahrt finden. Ein Flugzeug, das während des Starts nur um wenige Grad in eine andere Richtung abgeht, landet nach mehreren Tausend Kilometern weit entfernt vom ursprünglichen Ziel. Die feinen, kleinen Veränderungen im Kurs haben also auf lange Sicht eine massive Wirkung auf das Endziel. Genau das passiert auch mit unseren Gewohnheiten: Wenn wir in die richtige Richtung steuern und dabei jeden Tag kleine Anpassungen vornehmen, werden sich diese im Laufe der Jahre zu etwas Großem potenzieren.

Gewohnheiten können sich zum Vor- oder Nachteil potenzieren

Es gibt einen wichtigen Begriff, den es zu verstehen gilt: das Plateau des schlummernden Potenzials. Stell dir vor, die Temperatur eines Gefäßes steigt von -5 Grad um einen halben Grad. Du wirst nichts sehen, keine Veränderung wird erkennbar sein. Doch wenn die Temperatur von -0,5 Grad um das gleiche halbe Grad steigt, wird plötzlich das Eis anfangen zu schmelzen. Dies verdeutlicht den Punkt, dass viele Veränderungen nicht sofort sichtbar sind. Wenn du also über Wochen hinweg täglich eine gesunde Gewohnheit praktizierst, wirst du möglicherweise in den ersten Tagen, Wochen oder sogar Monaten keine großen Veränderungen sehen. Doch irgendwann wirst du das Plateau überwinden, und dann wird der Fortschritt mit einer Schnelligkeit und Intensität kommen, die du nicht für möglich gehalten hättest.

Ein häufiges Problem ist, dass viele Menschen in den „Tal der Enttäuschung" fallen, wenn sie nach Wochen des Trainings noch keine sichtbaren Ergebnisse haben. Genau hier ist die Herausforderung: das Durchhalten, auch wenn es noch nicht so aussieht, als ob sich etwas ändert. Die Belohnungen für deine Bemühungen kommen nicht immer sofort, aber wenn du durchhältst, wird sich die Kumulierung deiner Bemühungen früher oder später auszahlen.

Ziele und Systeme: Welcher Ansatz führt zum Erfolg?

Wenn es um die Verwirklichung von Veränderungen und das Erreichen von Zielen geht, sind zwei Aspekte besonders wichtig: das Setzen von Zielen und das Entwickeln von Systemen. Während Ziele wichtig sind, führen sie allein selten zu nachhaltigem Erfolg. Ziele setzen uns einen klaren Fokus, aber sie können auch eine Quelle von Frustration sein, wenn sie nicht sofort erreicht werden. Das wahre Geheimnis liegt in der Entwicklung von Systemen: Systeme aus täglichen, kleinen Gewohnheiten, die auf das Erreichen dieser Ziele hinarbeiten. Wenn du ein System hast, das kontinuierlich in die richtige Richtung führt, wirst du das Ziel beinahe automatisch erreichen.

Ein starkes Beispiel für diesen Systemansatz lässt sich an der Definition von „Erfolg" ablesen: Erfolg kommt nicht durch das bloße Setzen von Zielen oder das Erreichen von Meilensteinen. Vielmehr kommt er durch das ständige Umsetzen von kleinen, aber effektiven Handlungen, die immer weiter optimiert werden. Du wirst feststellen, dass du während des Prozesses des Umsetzens von Gewohnheiten oft glücklicher bist als beim Erreichen eines spezifischen Ziels, da der Fokus auf der kontinuierlichen Verbesserung liegt, nicht auf einem einmaligen Erfolg.

Die drei Schichten der Verhaltensänderung

Um die Art und Weise zu verstehen, wie Gewohnheiten langfristig entwickelt werden, ist es hilfreich, die drei Schichten der Verhaltensänderung zu betrachten:

1. **Resultate**: Das, was du erreichst – das sichtbare Ergebnis deiner Bemühungen. Dies ist die äußere Schicht der Veränderung.

2. **Prozesse**: Das, was du tust, um zu den Ergebnissen zu gelangen. Es sind die täglichen Handlungen, die die Grundlage für das Erreichen deiner Ziele darstellen.

3. **Identität**: Das, was du über dich selbst glaubst und wer du wirklich bist. Diese tiefere Schicht ist entscheidend, da sie die anderen beiden beeinflusst.

Resultatorientierte vs. Identitätsbasierte Gewohnheiten

Der Unterschied zwischen resultatorientierten und identitätsbasierten Gewohnheiten liegt darin, wie du dich selbst siehst und welche Art von Person du werden möchtest. Wenn du versuchst, mit dem Rauchen aufzuhören, könnte eine resultatorientierte Gewohnheit folgendermaßen lauten: „Nein, danke, ich versuche aufzuhören." Das ist eine rein zielgerichtete Herangehensweise. Auf der anderen Seite könnte eine identitätsbasierte Gewohnheit so aussehen: „Nein, danke, ich bin Nichtraucher." Die zweite Form zielt darauf ab, deine Identität zu verändern. Du siehst dich selbst nicht mehr als jemand, der raucht, sondern als jemand, der nicht raucht.

Identität ist der Schlüssel zu nachhaltigem Erfolg. Indem du dir selbst immer wieder beweist, dass du die Person bist, die du sein möchtest, stärkst du deine Identität. So wirst du mit der Zeit unbewusst zur Version von dir, die du anstrebst.

Zeigen und Benennen: Gewohnheiten bewusst machen

Ein effektiver Ansatz, um Gewohnheiten zu ändern, besteht darin, sie bewusst zu benennen und laut auszusprechen. Dies verstärkt das Bewusstsein für die eigene Handlung und hilft, die Wahrnehmung von Gewohnheiten zu verändern. Ein praktisches Beispiel dafür sind die japanischen Züge, in denen die Mitarbeiter laut die Fahrpläne, Geschwindigkeiten und Ziele wiederholen, um Fehler zu vermeiden. Dieses Prinzip lässt sich auch auf deine Gewohnheiten anwenden: Wenn du dir selbst bewusst machst, welche Gewohnheiten du gerade ausführst – sowohl positive als auch negative – kannst du gezielt darauf hinwirken, deine Handlungsmuster zu verändern.

Realisierungsintentionen: Die Bedeutung des „Wann" und „Wo"

Ein Experiment, das die Bedeutung von Realisierungsintentionen hervorhebt, zeigt, wie sich Gewohnheiten effektiv etablieren lassen. In der Untersuchung teilte man eine Gruppe in zwei Teile: Eine Gruppe erhielt lediglich eine Präsentation über die Vorteile von Bewegung, während die andere Gruppe eine „Realisierungsintention" erstellte. Diese Gruppe legte genau fest, wann und wo sie in der kommenden Woche trainieren würde. Die Ergebnisse waren erstaunlich: Bei der ersten Gruppe trainierten nur 35%, während bei der zweiten Gruppe 91% aktiv wurden. Das Festlegen eines klaren Plans, in dem du angibst, wann und wo du eine neue Gewohnheit umsetzen willst, erhöht die Wahrscheinlichkeit, dass du tatsächlich handelst.

Gewohnheits-Kopplung / Domino-Habit: Neue Gewohnheiten effektiv einbauen

Eine äußerst effektive Methode, um Gewohnheiten zu etablieren, ist die sogenannte Gewohnheitskopplung. Dabei geht es darum, neue Gewohnheiten an bestehende Gewohnheiten zu koppeln. Wenn du eine Tätigkeit, die du bereits regelmäßig durchführst, mit einer neuen Handlung verbindest, wird die neue Gewohnheit viel leichter zur Routine. Ein einfaches Beispiel wäre: „Wenn ich mir etwas zu essen nehme, lege ich immer zuerst Gemüse auf meinen Teller." Oder: „Nachdem ich meinen Kaffee gemacht habe, meditiere ich 5 Minuten lang." Diese Kopplung ermöglicht es, dass neue Gewohnheiten schnell in deinen Alltag integriert werden.

Übertriebene Stimuli und Dopamin

Unser Gehirn reagiert auf bestimmte Stimuli mit einer starken Dopaminausschüttung – vor allem bei Dingen, die das Überleben in der Vergangenheit gesichert hätten, wie etwa kalorienreiches Essen oder soziale Reize. Diese natürlichen Stimuli werden heute übertrieben, was sie so verlockend macht. Ein cleverer Trick, um Gewohnheiten attraktiver zu machen, besteht darin, das Dopaminsystem zu nutzen. Zum Beispiel kannst du Aktivitäten, die du gerne tust, mit jenen verbinden, die du tun solltest. Ein Netflix-Süchtiger könnte sein Standfahrrad mit dem Laptop verbinden und sich dazu zwingen, schneller zu strampeln, um weiterzuschauen. So entsteht eine positive Verstärkung durch Dopamin.

Familie, Freunde und Kultur im Bezug auf Gewohnheiten

Die sozialen Umfelder, in denen wir uns bewegen, spielen eine enorme Rolle dabei, welche Gewohnheiten wir entwickeln. Was in deiner Kultur als „normal" angesehen wird, beeinflusst maßgeblich dein Verhalten. Wenn du dich beispielsweise mit Freunden umgibst, die viel Wert auf Sport legen, wirst du auch eher geneigt sein, körperlich aktiver zu werden. Das Zugehörigkeitsgefühl zu einer Gruppe ist ein starker Motivator, der dir helfen kann, gesunde Gewohnheiten zu entwickeln.

Gewohnheiten, die das Leben vereinfachen

Viele Produkte und Dienstleistungen, die heute populär sind, zeichnen sich durch ihre Fähigkeit aus, unser Leben einfacher zu machen. Von Musikdiensten wie Spotify bis hin zu Sprachsteuerungen – diese Technologien machen alltägliche Aufgaben bequemer und zugänglicher. Genau diese Produkte bedienen ein grundlegendes Bedürfnis: Sie bieten eine Verbesserung des Alltags durch einfache, bequeme Lösungen.

Das Prinzip der minimalen Verbesserung lässt sich auch hier anwenden: Menschen suchen nach Lösungen, die ihren Alltag erleichtern und ihre Gewohnheiten verbessern. Gewohnheiten, die das Leben effizienter machen, sind daher oft die erfolgreichsten.

So schafft man eine gute Gewohnheit:

Gewohnheits-Spickzettel

So schafft man eine gute Gewohnheit

Das erste Gesetz	Sie muss offensichtlich sein.
1.1	Füllen Sie die Gewohnheits-Scorecard aus. Notieren Sie sich Ihre aktuellen Gewohnheiten, damit Sie diese richtig erkennen.
1.2	Formulieren Sie Realisierungsintentionen: »Ich werde um (Zeit) in (Ort) (Verhalten).«
1.3	Koppeln Sie Gewohnheiten aneinander: »Nach (aktuelle Gewohnheit) werde ich (neue Gewohnheit).«
1.4	Gestalten Sie Ihr Umfeld so, dass die Auslösereize für gute Gewohnheiten offensichtlich und deutlich sichtbar sind.
Das zweite Gesetz	**Sie muss attraktiv sein.**
2.1	Setzen Sie auf Bedürfniskombinationen. Verbinden Sie etwas, das Sie tun *möchten*, mit etwas, das Sie tun *müssen*.
2.2	Schließen Sie sich einer Kultur an, in der Ihr angestrebtes Verhalten normal ist.
2.3	Schaffen Sie ein Motivationsritual. Tun Sie unmittelbar vor einer schwierigen Gewohnheit etwas, das Ihnen Freude bereitet.
Das dritte Gesetz	**Sie muss einfach sein.**
3.1	Reduzieren Sie den Aufwand. Verringern Sie die Anzahl der Schritte, die Sie für die guten Gewohnheiten erledigen müssen.
3.2	Bereiten Sie Ihr Umfeld richtig vor. Sorgen Sie dafür, dass künftige Handlungen einfacher werden.
3.3	Achten Sie auf die entscheidenden Momente. Optimieren Sie die kleinen Entscheidungen, die übergroße Wirkung zeigen.
3.4	Wenden Sie die Zwei-Minuten-Regel an. Reduzieren Sie Ihre Gewohnheiten immer weiter, bis sie höchstens zwei Minuten in Anspruch nehmen.
3.5	Automatisieren Sie Ihre Gewohnheiten. Investieren Sie in Technik und einmalige Anschaffungen, die Ihr künftiges Verhalten steuern.
Das vierte Gesetz	**Sie muss befriedigend sein.**
4.1	Setzen Sie Verstärker ein. Gönnen Sie sich eine unmittelbare Belohnung, wenn Sie Ihre Gewohnheit abgeschlossen haben.
4.2	Machen Sie das »Nichtstun« angenehm. Sorgen Sie dafür, dass Sie einen Vorteil darin sehen, wenn Sie eine schlechte Gewohnheit vermeiden.
4.3	Verwenden Sie einen Gewohnheitstracker. Halten Sie die Serie Ihrer Gewohnheiten nach und lassen Sie diese nicht »abreißen«.
4.4	Setzen Sie niemals zweimal hintereinander aus. Wenn Sie eine Gewohnheit vergessen, sorgen Sie dafür, dass Sie sofort wieder in die Spur kommen.

Fazit

Kleine, kontinuierliche Verbesserungen können mit der Zeit zu einem gewaltigen Erfolg führen. Es erfordert Geduld und Ausdauer, doch wenn du dich auf den Prozess konzentrierst und nicht nur auf das Ergebnis, wirst du langfristig mehr erreichen als durch kurzfristige, radikale Veränderungen. Indem du Gewohnheiten entwickelst, die zu deiner Identität passen und die du mit kleinen, wiederholten Schritten verfestigst, wirst du nachhaltige Veränderung erleben.

Wie das Gehirn eines Süchtigen funktioniert und der Weg zur Heilung

Sucht ist kein einfacher, binärer Entscheidungsprozess. Der Ausstieg aus der Abhängigkeit erfordert viele Schritte und beginnt häufig mit einer tiefgreifenden Veränderung des Lebensstils. Sucht ist eng mit der Umgebung verknüpft, in der sie gedeiht, weshalb das Umfeld eine entscheidende Rolle spielt. Die Gedankenwelt eines Süchtigen ist oft von Verzerrungen geprägt. Diese führen dazu, dass er Probleme verdrängt und auf "Deal-Making"-Strategien zurückgreift – ein innerer Dialog, in dem er sich selbst einredet, dass er mit dem Konsum jederzeit aufhören könne, sobald bestimmte Bedingungen erfüllt seien. Dabei ist das Belohnungssystem des Gehirns subtil und manipulativ, sodass der Süchtige glaubt, die Kontrolle zu haben, obwohl in Wahrheit die Sucht ihn kontrolliert.

Ein weiteres zentrales Hindernis ist die Vorstellung, dass Sucht ein Zeichen von Schwäche sei. Diese Denkweise hindert viele daran, Hilfe zu suchen oder Therapien anzunehmen, da sie glauben, stark genug sein zu müssen, um allein dagegen anzukämpfen. Das Ergebnis dieser falschen Annahme ist häufig das Vernachlässigen notwendiger Maßnahmen zur Heilung.

Die Herausforderung des postakuten Entzugssyndroms

Eine besonders schwierige Phase ist das postakute Entzugssyndrom, das Wochen oder gar Monate andauern kann. Diese Phase ist oft von Gefühlen der Hoffnungslosigkeit und Verzweiflung begleitet, was das Erreichen von Stabilität zusätzlich erschwert. Die Erkenntnis, dass diese Empfindungen vorübergehend sind, ist entscheidend, da sie Teil eines normalen Heilungsprozesses darstellen. Durch bewusste Arbeit an der emotionalen Regulierung können Betroffene lernen, mit diesen Herausforderungen besser umzugehen.

Die Notwendigkeit fundamentaler Veränderungen

Eine der wichtigsten Lektionen im Umgang mit Sucht ist, dass eine Rückkehr zum alten Lebensstil ohne Sucht illusorisch ist. Die grundlegenden Muster, die zur Abhängigkeit geführt haben, müssen bewusst verändert werden. Dazu gehört die Umgestaltung von Gewohnheiten, sozialen Beziehungen und Denkweisen. Viele Menschen berichten, dass der Schmerz und die Herausforderungen ihrer Sucht zu einem tiefgreifenden Weckruf wurden – eine Gelegenheit, ihr Leben nachhaltig zu transformieren.

Ehrlichkeit als Schlüssel zur Heilung

Ein zentrales Prinzip in der Genesung ist die radikale Ehrlichkeit. Sucht gedeiht im Verborgenen, genährt von Geheimnissen und Lügen. Das Sprichwort „Du bist so krank wie deine Geheimnisse" veranschaulicht, wie wichtig Offenheit für den Heilungsprozess ist. Zu Beginn der Genesung kann es hilfreich sein, einen kleinen „Recovery Circle" einzurichten, bestehend aus einer oder wenigen vertrauenswürdigen Personen, denen man sich anvertrauen kann. Diese Verbindung bietet emotionale Erleichterung und stärkt die Bereitschaft zur weiteren Heilung.

Die Kraft der Gemeinschaft und der Selbstpflege

Peer-Support-Gruppen wie die Anonymen Alkoholiker schaffen geschützte Räume, in denen Betroffene Erfahrungen teilen und ein tiefes Verständnis füreinander entwickeln. Sich Hilfe zu holen ist kein Zeichen von Schwäche, sondern ein entscheidender Schritt zur Stärkung der eigenen Willenskraft. Die Rolle der Selbstpflege kann ebenfalls nicht überbewertet werden. Genügend Schlaf, ausgewogene Ernährung und Rituale zur Stressbewältigung wie Meditation oder Yoga tragen dazu bei, die Widerstandsfähigkeit zu erhöhen und Rückfälle zu vermeiden.

Konsequenz: Die wichtigste Regel

Die Regeln der Genesung sind wie schützende Mauern. Jede Ausnahme, jeder Bruch dieser Prinzipien schafft Risse, durch die die Sucht wie giftiges Gas zurückkehren kann. Gedanken wie „Ich habe es mir verdient" sind täuschend und gefährlich. Durch eine eiserne Disziplin wird das Frontalhirn, das für Planung und Entscheidungsfindung zuständig ist, gestärkt. Besonders intelligente Menschen können paradoxerweise stärkere Schwierigkeiten mit Sucht haben, da ihre mentale Stärke gegen sie arbeiten kann. Umso wichtiger ist es, standhaft zu bleiben und die Prinzipien der Heilung als unverhandelbar zu betrachten.

Das Ziel der Genesung ist Freiheit – ein Leben, das von Werten und Zielen geprägt ist, statt von der Sucht beherrscht zu werden. Trotz der Schwierigkeiten und Opfer wird die neu gewonnene Lebensqualität am Ende immer lohnend sein.

Wie jahrelanger Pornokonsum die Fähigkeit des Gehirns beeinflusst, Beziehungen aufzubauen

Die Diskussion rund um die Auswirkungen von Pornografie und sexualisierten Inhalten auf die menschliche Psyche und zwischenmenschliche Beziehungen verdeutlicht einen Rückgang echter Intimität. Ein möglicher Grund dafür ist die ständige Verfügbarkeit und Überpräsenz sexueller Reize im Internet. Menschen sind tagtäglich subtilen, sexuellen Stimuli ausgesetzt, selbst wenn diese nicht explizit sind. Diese Flut kann dazu führen, dass verzerrte Vorstellungen von Intimität entstehen, die sich negativ auf psychische Gesundheit und reale sexuelle Beziehungen auswirken.

Ein markantes Beispiel ist die Abhängigkeit von Pornografie, die sich besonders bei frühem und intensivem Konsum entwickelt. Studien zeigen, dass Menschen, die pornografische Inhalte konsumieren, oft falsche Erwartungen an sexuelle Erfahrungen entwickeln. Ein übertriebenes Verständnis von Orgasmus und sexueller Performance wird geprägt, was zu einem veränderten Selbstbild und unrealistischen Erwartungen an Partner führen kann. Die schnelle Evolution pornografischer Inhalte erschwert zudem die wissenschaftliche Untersuchung der langfristigen Effekte.

Darüber hinaus werfen Plattformen wie OnlyFans und vergleichbare Dienste Fragen zur Intimität in Beziehungen auf. Sie bieten Nutzern scheinbar persönliche, interaktive Erlebnisse, die die Vorstellung von zwischenmenschlicher Nähe verändern können. Diese parasozialen Beziehungen können Abhängigkeiten schaffen und zu Gefühlen von Untreue führen. Besonders verletzliche Menschen sind hiervon betroffen, was die Dynamik von Partnerschaften komplizierter macht.

Ein weiterer bedeutender Aspekt ist der Einfluss von Pornografie auf die emotionale Wahrnehmung und die Entwicklung des Gehirns. So zeigt sich, dass neue Formen der Interaktion, wie sie auf Plattformen wie Twitch auftreten, ähnliche parasoziale Verbindungen schaffen können. Die genauen neurobiologischen Konsequenzen dieser Entwicklungen bleiben jedoch oft unklar.

Trotz dieser Herausforderungen betont die Diskussion auch positive Ansätze: Bildung und offene Kommunikation über Sexualität und gesunde Beziehungen sind entscheidend, um die negativen Effekte abzumildern. Fortschritt in der Technologie stellt nicht nur Risiken dar, sondern bietet auch neue Chancen für Wissenserweiterung und besseren Umgang mit zwischenmenschlichen Verbindungen. Wie frühere Umwälzungen in der Gesellschaft fordert auch der digitale Wandel Anpassung und neue Denkweisen.

Mit der Verbreitung von Virtual-Reality-Technologien und haptischem Feedback stellt sich zusätzlich die Frage, wie Beziehungen in der Zukunft aussehen können. Die Idee, dass virtuelle Partner reale Beziehungen ersetzen könnten, wirft ethische und gesellschaftliche Fragen auf. Dies zeigt, dass der Umgang mit Intimität in einer technologischen Welt nicht nur neu definiert werden muss, sondern auch tiefgreifende

Reflexionen über menschliche Verbundenheit und emotionale Bedürfnisse erfordert.

Abschließend bleibt festzuhalten, dass die Einflüsse von Pornografie und digitaler Intimität auf unser Leben komplex und vielschichtig sind. Die Entwicklung von klaren Leitlinien, besserer Aufklärung und einem bewussten Umgang mit diesen Inhalten bietet jedoch die Chance, Beziehungen stärker und nachhaltiger zu gestalten.

Warum du nicht gegen den Drang ankämpfen solltest, Pornografie zu schauen

Pornografie hat in der heutigen digitalen Welt eine neue Dimension erreicht. Von hochauflösenden Videos bis hin zu interaktiven Plattformen wie OnlyFans bieten moderne Technologien immersive Erfahrungen, die eine starke psychologische Anziehungskraft haben. Das Ergebnis ist ein Anstieg der Nutzung und häufig auch der Suchtgefahr. Doch paradoxerweise ist der Versuch, den Drang zum Konsum mit reiner Willenskraft zu unterdrücken, eine der schlechtesten Strategien, um Kontrolle zurückzugewinnen.

Der Kampf verstärkt das Verlangen

Das Gehirn reagiert auf Widerstand mit einer Verstärkung des Signals. Wenn du einen Impuls verspürst und ihn bekämpfst, interpretiert das Belohnungssystem dies als Zeichen, dass es mehr Druck aufbauen muss, um das Bedürfnis durchzusetzen. Studien zeigen, dass dieser Mechanismus das Verlangen nach kurzer Zeit oft noch intensiver macht. Es ist vergleichbar mit dem Versuch, nicht an rosa Elefanten zu denken – je stärker du es versuchst, desto präsenter wird das Bild.

Anstatt gegen den Drang zu kämpfen, hilft es, das Verlangen zu beobachten, ohne sofort zu reagieren. Diese Technik, bekannt als „Urge Surfing", ermutigt dazu, den Impuls als vorübergehendes Phänomen zu betrachten, das von selbst wieder abklingt. Wissenschaftlich basiert dies auf der

Tatsache, dass das Bedürfnis typischerweise in Wellen kommt und nach einer gewissen Zeit schwächer wird, wenn man es nicht füttert.

Strukturierte Zugeständnisse schaffen

Eine weitere effektive Methode ist das bewusste Setzen von Konsumgrenzen. Psychologen empfehlen, feste Zeiten für das Verhalten festzulegen, das man reduzieren möchte. Dies reduziert das Gefühl des Kontrollverlusts und trainiert das Gehirn, Impulse besser zu steuern. Ähnlich wie beim intermittierenden Fasten, bei dem Essenszeiten geplant werden, gibt diese Strategie deinem Belohnungssystem einen Rahmen, ohne in einen ständigen inneren Konflikt zu geraten.

Emotionen regulieren, statt sie zu betäuben

Viele Menschen nutzen Pornografie als Bewältigungsstrategie für Stress, Einsamkeit oder Langeweile. Ein zentraler Schritt zur Veränderung besteht darin, alternative Wege zu finden, mit negativen Emotionen umzugehen. Meditation, tiefes Atmen oder Gespräche mit Freunden können helfen, die emotionale Stabilität zu stärken. Die Fähigkeit, unangenehme Gefühle auszuhalten, ist entscheidend, um nicht immer wieder in alte Muster zu verfallen.

Die Macht eines unterstützenden Umfelds

Der Einfluss der Umgebung sollte nicht unterschätzt werden. Trigger-freie Zonen zu schaffen – sei es durch das Entfernen bestimmter Apps oder das Vermeiden von Situationen, die zum Konsum verleiten – kann die Erfolgschancen deutlich erhöhen. Zudem ist soziale Unterstützung von Gleichgesinnten ein bewährtes Mittel, um motiviert zu bleiben. Gruppengespräche oder Online-Communities bieten Austausch und Ermutigung, wenn die Selbstdisziplin ins Wanken gerät.

Fazit

Den Drang zu widerstehen, führt oft nur dazu, dass die Versuchung größer wird. Indem du Achtsamkeit, Struktur und emotionale Resilienz entwickelst, kannst du die Kontrolle über dein Verhalten zurückgewinnen – und das auf eine nachhaltigere Weise als durch bloße Willenskraft.

Das unfaire Potenzial von Introvertierten

Oft wird angenommen, dass Introvertierte im Vergleich zu Extrovertierten im Nachteil sind, wenn es um Erfolg und soziale Interaktion geht. Doch tatsächlich besitzen introvertierte Menschen einen entscheidenden Vorteil: ihre Fähigkeit, Motivation zu kultivieren und zu bewahren. Extrovertierte neigen dazu, über ihre Pläne und Ziele zu sprechen, was zwar soziale Bestätigung bringt, aber gleichzeitig die innere Motivation schwächen kann. Indem sie ihre Absichten aussprechen, erleben sie bereits eine Form der Belohnung, die sie dazu verleitet, weniger aktiv an der tatsächlichen Umsetzung zu arbeiten.

Diese Dynamik lässt sich gut im Zusammenhang mit psychologischen Prinzipien betrachten. Sprache und Handlung sind eng miteinander verbunden. Sigmund Freud stellte fest, dass das Reden oft als Ersatz für Handeln dient. In der modernen Gesellschaft gibt es daher Redner und Macher – und wer seine Ziele erfolgreich umsetzen will, sollte auf die Balance zwischen dem Sprechen und dem Tun achten. Wer über seine Absichten schweigt, kanalisiert die eigene Energie besser in Handlungen, anstatt sie durch Worte zu verausgaben.

Ein Paradebeispiel für diese Strategie ist der Eintritt ins Fitnessstudio. Viele Menschen, die ihre sportlichen Vorsätze öffentlich machen, verlieren die Motivation, bevor sie überhaupt angefangen haben. Indem sie die soziale Anerkennung für ihre Absichten bereits im Vorfeld erhalten, bleibt oft nicht genug Antrieb übrig, um die Ziele konsequent zu verfolgen. Deshalb ist es ratsam, still und zielgerichtet zu handeln, ohne die eigenen Pläne ständig zu verkünden.

Die innere Energie zu bewahren, kann auch durch bewusste Reflexion gestärkt werden. Journaling, das Aufschreiben von Gedanken und Zielen, ist eine wirkungsvolle Methode, um Klarheit zu gewinnen und Emotionen zu verarbeiten. Der entscheidende Schritt besteht jedoch darin, die eigenen Aufzeichnungen zu reflektieren, anstatt die Inhalte gedankenlos niederzuschreiben. Nur so lassen sich positive Gedanken verankern und Ziele festigen.

Eine weitere wertvolle Strategie ist die selektive Kommunikation. Es ist wichtig, gezielt auszuwählen, mit wem man über seine Träume und Ziele spricht. Gespräche sollten inspirierend und produktiv sein, anstatt Energie zu verschwenden. Fruchtlose Gespräche, die keine echten Fortschritte bringen, können die Motivation mindern und wertvolle Energie rauben. Durch bewusste und gezielte Kommunikation kann hingegen positive Motivation aufgebaut werden.

Introvertierte Menschen nutzen ihre natürliche Neigung zur Zurückhaltung zu ihrem Vorteil, indem sie sich darauf konzentrieren, Energie für Handlungen zu bewahren, anstatt sie durch Worte zu zerstreuen. Dieser Ansatz führt häufig zu nachhaltigem Erfolg und einer stärkeren inneren Fokussierung. Der Kern der Botschaft lautet: Weniger reden, mehr tun – und die eigene Energie dort einsetzen, wo sie den größten Unterschied macht.

Warum es heute so schwer ist, Sinn zu finden

Viele Menschen suchen nach dem Sinn des Lebens und hinterfragen, warum sie hier auf der Erde sind. Diese Frage zeigt sich deutlich in der "Anti-Arbeits"-Bewegung, in der Menschen die Routine des täglichen Aufstehens, Pendelns zur Arbeit und die alltäglichen Verpflichtungen als wenig erfüllend empfinden. Auf der anderen Seite steht die sogenannte "Sigma-Grind-Set"-Mentalität, die auf harte Arbeit und Nebenaktivitäten setzt, um finanzielle Unabhängigkeit zu erreichen. Doch in beiden Szenarien fehlt vielen Menschen ein tieferer Lebenssinn, was zu Gefühlen der Sinnlosigkeit führen kann. Studien belegen eine Verbindung zwischen einem Mangel an Lebenssinn und steigenden Selbstmordraten sowie Pornografieabhängigkeit, insbesondere bei asiatisch-amerikanischen Jugendlichen, die unter hohen Erwartungen leiden. Auch gutgemeinte elterliche Anleitung bietet keinen dauerhaften Sinn, da dieser immer von innen kommen muss.

Die Technologie hat in den letzten 20 Jahren den Fokus vieler Menschen nach außen verlagert. Podcasts, soziale Medien und Videospiele lenken die Aufmerksamkeit weg vom eigenen Inneren, wodurch viele ihre eigenen Bedürfnisse und Wünsche nicht mehr spüren können. Selbst einfache Aktivitäten, wie der Toilettengang, werden zunehmend von technologischen Reizen begleitet, was die Abhängigkeit von äußeren Stimuli verstärkt.

Ein klassisches Beispiel für diesen Verlust des inneren Gefühls ist die Wahl des Essens. Viele Menschen können kaum noch sagen, was ihnen wirklich schmeckt, da sie sich an den

Vorlieben anderer orientieren. Ähnliche Mechanismen zeigen sich, wenn man unter der Dusche steht und unvermittelte Gedanken auftreten – ein Raum, in dem Technologie noch kaum eine Rolle spielt. Diese Abkopplung vom eigenen Selbst führt dazu, dass viele Menschen ihre eigenen Signale überhören und ihr Leben nach externen Erwartungen ausrichten, was oft Frustration und Unzufriedenheit erzeugt.

Soziale Medien verschärfen das Problem, indem sie ein Idealbild von Leben und Erfolg darstellen. Der ständige Vergleich mit anderen dämpft die eigene emotionale Resonanz und führt dazu, dass wir uns gleichgültig gegenüber unseren eigenen Bedürfnissen verhalten. Die Lösung liegt darin, bewusste Pausen von äußeren Einflüssen einzulegen und sich mit Langeweile auseinanderzusetzen. Diese kann ein wertvolles Signal sein, um wieder Zugang zu den eigenen Gefühlen und Wünschen zu bekommen.

Wenn Menschen auf Selbstfindungsreisen gehen oder Meditationsrückzüge besuchen, hoffen sie, ihre innere Stimme wiederzufinden. Diese Praktiken beruhen auf der Idee, dass eine reduzierte Sinneswahrnehmung die Selbstreflexion erleichtert. Wandern in der Natur oder das Verbringen von Zeit in Stille schafft einen Raum, in dem die eigene Gedankenwelt wieder präsent wird. Dabei ist es oft die anfängliche Langeweile, die zu einer tieferen Erkenntnis führt. Wer diese Phase überwinden kann, wird mit Klarheit über die eigenen Werte und Ziele belohnt.

Die Suche nach dem Lebenssinn wird oft missverstanden. Es geht nicht darum, universelle Antworten zu finden, sondern die eigene innere Stimme zu hören. Diese individuelle Perspektive formt den persönlichen Sinn des Lebens, indem sie authentische Wünsche und Ziele enthüllt. Sobald man diese innere Klarheit erlangt hat, kann man sein Leben danach ausrichten und Herausforderungen mit mehr Gelassenheit und Zielstrebigkeit bewältigen.

Die Freude, früh aufzustehen, weil man etwas tut, das einem wichtig ist, zeigt, wie bedeutsam innerer Sinn für die Lebensführung ist. Weder die Ablehnung aller Arbeit noch der blinde Ehrgeiz, Geld anzuhäufen, bieten langfristige Zufriedenheit. Viele Menschen, die dem reinen Streben nach Reichtum folgen, finden sich irgendwann an einem Punkt, an dem sie trotz ihres Erfolges nicht wissen, was sie mit ihrem Leben anfangen sollen. Deshalb ist es sinnvoll, sofort nach dem eigenen Sinn zu suchen, anstatt die besten Jahre seines Lebens aufzugeben.

Es gibt Hilfsprogramme und Coaching-Methoden, die Menschen dabei unterstützen, ihren Lebenssinn zu finden. Erste Ergebnisse zeigen, dass Teilnehmer oft eine deutliche Steigerung ihres Sinnempfindens erleben. Dieses gefestigte Bewusstsein macht es leichter, Herausforderungen zu meistern und das Leben in vollen Zügen zu genießen.

Warum fühlt man sich nach vier Stunden YouTube-Binging so ausgelaugt?

Warum du nach 4 Stunden YouTube-Binge keine Lust auf irgendetwas hast

Warum fühlen wir uns oft träge und leer, nachdem wir Stunden mit dem Anschauen von YouTube-Videos verbracht haben? Die Antwort darauf liegt nicht in Faulheit oder mangelnder Disziplin, sondern in der komplexen Beziehung zwischen unserem mentalen und emotionalen Zustand und unserem Umgang mit Technologie.

Die Psychologie hinter der Ablenkung

Stellen wir uns vor, eine Liste voller Aufgaben wartet darauf, erledigt zu werden. Anstatt uns daran zu machen, klicken wir auf „nur noch ein Video" – und plötzlich sind Stunden vergangen. Dieses Verhalten ist kein Zufall: Unsere Gehirnchemie spielt eine entscheidende Rolle. Jedes interessante Video liefert eine Dopaminbelohnung, die uns kurzfristig zufriedenstellt. Langfristig fühlen wir uns jedoch schuldig und unproduktiv.

Die Neurowissenschaft belegt, dass bei exzessivem Medienkonsum die Aktivität im anterioren Insula-Bereich des Gehirns abnimmt. Dieses Areal ist für Selbstbewusstsein und die Bewertung von Handlungen zuständig. Mit jeder weiteren Stunde, die wir passiv Inhalte konsumieren, schwindet unsere

Fähigkeit, bewusst Prioritäten zu setzen und unsere Umgebung klar wahrzunehmen. Hinzu kommt, dass Menschen in stressigen oder müden Momenten besonders anfällig für diese Form der Ablenkung sind.

Emotionale Erschöpfung und schlechte Entscheidungen

Der Einfluss emotionaler Zustände erstreckt sich über den Medienkonsum hinaus bis hin zu finanziellen Entscheidungen. Plattformen wie Krypto-Börsen und Online-Handel ermöglichen es, zu jeder Tages- und Nachtzeit zu investieren. Das führt dazu, dass viele Menschen impulsive Käufe tätigen, wenn sie erschöpft oder unkonzentriert sind – was die Wahrscheinlichkeit für Fehlentscheidungen erhöht.

Früher waren Handelszeiten begrenzt, was eine gewisse Disziplin erforderte. Heute können selbst müde oder berauschte Nutzer jederzeit investieren, was zeigt, wie sehr emotionale Zustände durch den ständigen Zugang zu Technologie beeinflusst werden.

Der Kreislauf der Selbstkritik

Nach einem langen Binge fühlt man sich oft schlecht – nicht nur, weil die Zeit verloren scheint, sondern auch, weil Selbstkritik einsetzt. „Warum habe ich das gemacht?“ oder „Ich bin einfach zu faul“ sind häufige Gedanken. Dieses Schwarz-Weiß-Denken verstärkt negative Emotionen und führt ironischerweise dazu, dass wir noch häufiger nach Ablenkung suchen, um dem Gefühl des Versagens zu entkommen.

Sich der eigenen Emotionen bewusst zu werden, ist ein Schlüssel zur Veränderung. Anstatt uns zu verurteilen, sollten wir innehalten und fragen: Warum brauche ich gerade Ablenkung? Welche Aufgabe oder welches Gefühl vermeide ich? Das Erkennen dieser Muster ist der erste Schritt, um sie zu durchbrechen.

Manipulierte Aufmerksamkeit

Social-Media- und Video-Plattformen wie YouTube sind nicht zufällig so gestaltet, dass sie süchtig machen. Sie beschäftigen ganze Teams von Experten, die Algorithmen optimieren, um uns möglichst lange zu fesseln. Sie analysieren unsere Klicks, Vorlieben und Verweildauer, um uns immer mehr von dem zu zeigen, was wir interessant finden.

Das Geschäftsmodell hinter diesen Plattformen basiert auf unserer Aufmerksamkeit. Je mehr Zeit wir auf ihnen verbringen, desto mehr Geld verdienen sie. Es ist daher kein Wunder, dass selbst Menschen, die sich der Manipulation bewusst sind, es oft schwerfinden, den Sog dieser Inhalte zu vermeiden.

Wie du die Kontrolle zurückgewinnst

Es ist nicht notwendig, Technologie vollständig zu meiden, um die Kontrolle zurückzuerlangen. Vielmehr hilft es, klare Regeln für den eigenen Konsum zu schaffen. Beispielsweise kann man feste Zeiten für den Medienkonsum festlegen und bewusste Pausen zur Reflexion einplanen. Langeweile ist keine Bedrohung, sondern eine Einladung, mit sich selbst in Kontakt zu treten. Wer dies erkennt, legt den Grundstein für mehr Klarheit, Motivation und innere Ruhe.

Berührungshunger

In einer Welt, die zunehmend digital und distanziert ist, leiden viele Menschen unter einem kaum besprochenen Phänomen: Berührungshunger. Das Bedürfnis nach körperlicher Nähe und die damit verbundene emotionale Verbindung sind essenziell für unser Wohlbefinden, doch die moderne Lebensweise lässt uns oft isoliert und unberührt zurück.

Die Macht der Berührung

Berührung ist mehr als eine Geste – sie verändert buchstäblich, wie unser Gehirn funktioniert. Studien zeigen, dass das Halten der Hand eines geliebten Menschen Schmerzempfinden reduzieren und Stress abbauen kann. Diese beruhigende Wirkung ist auf die Freisetzung von Oxytocin zurückzuführen, einem Hormon, das Gefühle von Nähe und Vertrauen fördert. Doch die Wissenschaft kennt weitere Effekte: Berührung senkt den Cortisolspiegel, reduziert Angstzustände und stärkt das Immunsystem. Sie ist ein mächtiges Mittel gegen Einsamkeit – ein Zustand, der in unserer individualistischen Gesellschaft immer häufiger wird.

Warum fehlt uns Berührung?

Ein entscheidender Faktor ist die zunehmende Abhängigkeit von Technologie. Viele soziale Interaktionen finden mittlerweile virtuell statt – sei es per Textnachricht, Emojis oder Videocalls. Diese Kanäle bieten zwar einen schnellen Austausch, doch die taktile Verbindung fehlt. Die Berührung eines anderen Menschen lässt sich nicht digital simulieren. Gleichzeitig propagiert die Gesellschaft Ideale wie Unabhängigkeit und

Selbstgenügsamkeit, wodurch körperliche Nähe oft als Schwäche missverstanden wird.

Darüber hinaus spielt Unsicherheit eine Rolle: Wann ist es angebracht, jemanden zu umarmen? Wie lange ist zu lange? Solche Fragen führen dazu, dass Menschen sich noch mehr zurückhalten – oft aus Angst, Grenzen zu überschreiten oder falsch verstanden zu werden.

Der fehlende Raum für menschliche Nähe

Institutionen wie Krankenhäuser oder Schulen vermeiden zunehmend jegliche Berührung, selbst wenn sie heilend wirken könnte. Therapeutische Berührung ist eine Grauzone, und viele Fachleute fühlen sich unsicher im Umgang damit. In einer Gesellschaft, die Berührung als potenziell unangemessen oder riskant einstuft, wird der natürliche Impuls zur Nähe gehemmt. Das verstärkt das Gefühl der Isolation und lässt viele Menschen emotional hungern.

Verantwortung für Verbindung

Berührungshunger ist nicht nur ein individuelles Problem. Es spiegelt die Notwendigkeit wider, wieder bewusster aufeinander zuzugehen. Kleine Gesten, wie das Anbieten einer freundlichen Umarmung, können einen großen Unterschied machen. Doch echte Verbindung erfordert mehr als Gesten – sie verlangt auch ein Mitgefühl, das über bloßen Komfort hinausgeht. Wenn wir uns der Verantwortung stellen, für andere physisch und emotional präsent zu sein, können wir Barrieren abbauen und eine Kultur schaffen, in der Berührung als heilend und nicht als problematisch angesehen wird.

Das Geheimnis hinter der Resistenz gegen Dopamin

Jeden Tag stehen wir vor der Herausforderung, zwischen produktiven Aufgaben und verlockenden Ablenkungen zu wählen. Obwohl wir wissen, dass Lernen, Sport oder Arbeit langfristig wichtig sind, ziehen wir oft das schnelle Vergnügen von sozialen Medien oder Videospielen vor. Die zugrunde liegende Dynamik ist tief im Gehirn verankert und hängt eng mit dem Neurotransmitter Dopamin zusammen, der Motivation und Belohnung reguliert.

Die Kraft des Nucleus accumbens

Der Nucleus accumbens, eine zentrale Region im Belohnungssystem des Gehirns, setzt Dopamin frei, wenn wir angenehme Aktivitäten erleben. Diese Freisetzung erzeugt nicht nur Freude, sondern verstärkt auch das Verhalten, das zur Belohnung geführt hat. Interessanterweise zeigen wissenschaftliche Erkenntnisse, dass es nicht um die absolute Menge an Dopamin geht, sondern darum, wie strategisch wir diesen "Freudenkick" nutzen. Ein Dopaminmangel führt zu Antriebslosigkeit – Studien mit Ratten belegen, dass Tiere ohne ausreichendes Dopamin selbst einfachste Aufgaben vermeiden.

Warum "Dopamin-Detox" nicht funktioniert

Viele Menschen versuchen, ihre Motivation durch eine bewusste Reduzierung von Dopamin-fördernden Aktivitäten zu steigern. Doch die vollständige Vermeidung kann kontraproduktiv sein. Stattdessen ist es entscheidend, das

Timing und die Art der dopaminergen Reize zu steuern. Ein häufiger Fehler besteht darin, den Morgen mit intensiven dopaminergischen Aktivitäten zu beginnen – zum Beispiel mit Videospielen oder sozialen Medien. Dies erschöpft das "Reservoir" an Dopamin und reduziert die Motivation für später anstehende produktive Aufgaben. Ein besserer Ansatz ist, den Tag mit herausfordernden, aber wertvollen Aktivitäten zu starten.

Emotionen und Motivation: Ein empfindliches Gleichgewicht

Emotionen spielen eine bedeutende Rolle in der Dynamik des Dopamins. Negative Gefühle erhöhen die Anfälligkeit für impulsive Entscheidungen und führen oft zu einer Spirale kurzfristiger Befriedigung. Diese Verhaltensmuster können durch Bewältigungsstrategien wie Psychotherapie oder einfache Gewohnheiten, etwa regelmäßige Spaziergänge, verändert werden. Auch die bewusste Reflektion über Konsequenzen kann helfen, Motivation zu regulieren. Indem wir uns die langfristigen Auswirkungen von Entscheidungen vorstellen, stärken wir die Fähigkeit des präfrontalen Kortex, der Impulse kontrolliert und bewusste Prioritäten setzt.

Schmerz als versteckter Verbündeter

Ein oft übersehener Faktor in der Motivation ist die Beziehung zwischen Schmerz und Freude. Intensive Anstrengungen, wie das Überwinden einer schwierigen Herausforderung, führen zu stärkeren Glücksgefühlen als einfache Belohnungen. Der Schlüssel liegt darin, ein Gleichgewicht zu finden – genug Herausforderung, um Engagement zu fördern, ohne die Aufgabe überwältigend erscheinen zu lassen. Diese Balance aktiviert das Opioid- und Dopaminsystem synergistisch, was langfristige Motivation aufrechterhält.

Warum dein Gehirnnebel niemals verschwindet (und wie du wieder klar denken kannst)

Hast du dich jemals unkonzentriert, vergesslich oder geistig erschöpft gefühlt, ohne eine klare Ursache zu erkennen? Gehirnnebel ist ein weit verbreitetes Phänomen, das zunehmend jüngere Menschen betrifft. Die Ursachen sind vielschichtig und oft schwer zu diagnostizieren – was frustrierend ist, da die Symptome sowohl die Produktivität als auch die Lebensqualität stark beeinträchtigen können.

Die unsichtbaren Auslöser

Einer der Hauptgründe für Gehirnnebel ist ein schlechter Blutfluss zum Gehirn, insbesondere nach längerem Sitzen. Junge Erwachsene berichten immer häufiger über Schwindel und niedrigen Blutdruck beim Aufstehen – ein Zeichen dafür, dass eine unzureichende Durchblutung die mentale Klarheit beeinträchtigen kann. Ein weiterer Faktor ist chronischer Stress, der entzündliche Prozesse auslöst. Das Hormon CRH (Corticotropin-Releasing-Hormon) aktiviert Mastzellen im zentralen Nervensystem, die Entzündungen verstärken und die kognitive Funktion beeinträchtigen können.

Wie die Ernährung deine Klarheit beeinflusst

Die moderne Ernährung ist oft arm an Nährstoffen, die für ein gesundes Gehirn notwendig sind. Besonders Flavonoide wie Luteolin, das in Oliven und grünen Pflanzen vorkommt, haben entzündungshemmende Eigenschaften. Leider hat die industrielle Landwirtschaft die Nährstoffdichte vieler Lebensmittel reduziert, was die Aufnahme dieser wichtigen Verbindungen erschwert. Eine Umstellung auf nährstoffreiche, unverarbeitete Lebensmittel kann einen großen Unterschied machen.

Dehydration und Schlafmangel – die stillen Saboteure

Studien zeigen, dass 88 % der Menschen mit Gehirnnebel dehydriert sind. Wasser spielt eine wesentliche Rolle für die Blutzirkulation und die Sauerstoffversorgung des Gehirns. Ähnlich kritisch ist Schlaf: Während des Tiefschlafs werden Giftstoffe aus dem Gehirn gespült. Menschen, die regelmäßig weniger als sieben Stunden Schlaf bekommen, leiden häufiger unter mentaler Erschöpfung.

Bewegung ist mehr als Training

Regelmäßige körperliche Aktivität – insbesondere Übungen, die die Beinmuskulatur einbeziehen – verbessert die Blutzirkulation. Diese Muskelgruppen helfen dabei, Blut aus den unteren Extremitäten zurück zum Herzen zu pumpen, was die Sauerstoffversorgung des Gehirns erhöht. Yoga-Posen wie der herabschauende Hund oder der Kopfstand können ebenfalls die Durchblutung fördern und helfen, den Blutdruck zu regulieren.

Zusammenfassung: Klarheit durch ganzheitliche Balance

Die Lösung für Gehirnnebel liegt oft nicht in einem einzelnen Heilmittel, sondern in einer Kombination aus bewusster Ernährung, Bewegung, Hydratation und Stressmanagement. Kleine, konsistente Veränderungen können einen großen Unterschied machen – und den Nebel lichten, der das Denken so oft trübt.

Warum du nicht diszipliniert bist

Viele Menschen sehnen sich nach mehr Disziplin – sei es, um ihre Ziele zu erreichen, gesünder zu leben oder erfolgreicher zu werden. Doch die Realität sieht oft anders aus: Anstatt diszipliniert an unseren Aufgaben zu arbeiten, wählen wir kurzfristige Befriedigungen, wie das endlose Scrollen auf Social Media oder das Spielen eines weiteren Videospiels. Warum fällt es so schwer, diszipliniert zu sein, selbst wenn wir wissen, dass es besser für uns wäre?

Das Gehirn hasst Ungewissheit

Unser Verstand ist darauf programmiert, Belohnungen abzuwägen: kurzfristiger Genuss versus langfristige Vorteile. Die Wissenschaft zeigt, dass wir stark dazu neigen, sofortige Belohnungen über unsichere zukünftige Ergebnisse zu stellen. Wenn du vor der Wahl stehst, jetzt ein lustiges YouTube-Video zu sehen oder eine Präsentation für nächste Woche vorzubereiten, entscheidet dein Gehirn oft zugunsten des Sofortvergnügens – besonders wenn du müde oder gestresst bist.

Der Mythos des „Willenskraft-Problems"

Disziplin wird häufig mit Willenskraft gleichgesetzt, doch das ist nur die halbe Wahrheit. Willenskraft ist begrenzt, ähnlich wie Muskelkraft. Wenn wir zu viele Entscheidungen treffen müssen oder emotional ausgelaugt sind, erschöpfen sich unsere Reserven. Wahre Disziplin kommt nicht allein durch die Stärke deines Willens, sondern durch Strukturen, die Entscheidungen erleichtern und automatisieren. Menschen, die als „diszipliniert" gelten, haben oft einfach bessere Gewohnheiten entwickelt, die ihnen die Versuchung erleichtern, indem sie sie von vornherein vermeiden.

Finde deine echte Motivation

Viele Menschen scheitern an Disziplin, weil ihre Motivation nicht authentisch ist. Oft versuchen wir, Erwartungen anderer zu erfüllen – gesellschaftliche Normen oder Ideale, die durch Werbung und soziale Medien propagiert werden. Echter Antrieb entsteht jedoch aus innerem Verlangen. Wenn du herausfindest, was dir wirklich wichtig ist, und dich auf diese Ziele fokussierst, wird Disziplin weniger zu einem Kampf und mehr zu einem natürlichen Prozess.

Die Illusion von „alles oder nichts"

Ein häufiger Denkfehler ist die Annahme, dass man entweder perfekt diszipliniert sein oder es ganz lassen muss. Diese Schwarz-Weiß-Mentalität führt oft dazu, dass wir nach kleinen Rückschlägen aufgeben. Stattdessen solltest du kleine Fortschritte feiern und die Macht winziger Gewohnheiten erkennen. Jede noch so kleine, konsequent umgesetzte Handlung bringt dich deinem Ziel näher.

Technologie und Dopamin-Reaktionen verbinden mit dem tieferen Verständnis, warum Disziplin keine Frage des Kampfes, sondern des Systems und der authentischen Motivation ist.

Die Rolle der Selbstakzeptanz und der Aufbau von Resilienz

Während der Weg aus der Einsamkeit und sozialen Isolation heraus oft wie ein steiler Berg erscheint, ist einer der wichtigsten Schritte, den man machen kann, die Entwicklung von Selbstakzeptanz. Viele, die sich in sozial isolierten Situationen wiederfinden, neigen dazu, sich selbst zu kritisieren und sich als unzureichend zu betrachten. Dieser innere Dialog kann eine zentrale Hürde sein, die es zu überwinden gilt.

Warum Selbstakzeptanz so schwerfällt

Unsere Gesellschaft betont häufig Perfektion und Erfolg – sei es in Beziehungen, Karriere oder im persönlichen Leben. Diese kulturelle Botschaft wird durch soziale Medien noch verstärkt, auf denen nur die besten Momente eines Lebens geteilt werden. In diesem Kontext fühlt man sich schnell „weniger wert", wenn man nicht den gleichen Maßstab zu erfüllen scheint.

Selbstakzeptanz bedeutet nicht, dass man alle Aspekte seines Lebens perfekt findet oder keine Veränderung wünscht. Vielmehr geht es darum, sich selbst als Mensch mit Stärken und Schwächen zu betrachten – so wie jeden anderen auch. Anstatt sich selbst für Fehler oder vergangene Entscheidungen zu verurteilen, ist es wichtig, sich mit Mitgefühl zu begegnen und sich zu erlauben, menschlich zu sein.

Die Verbindung zwischen Selbstakzeptanz und Resilienz

Resilienz – die Fähigkeit, nach Rückschlägen wieder aufzustehen – hängt stark mit der Art und Weise zusammen, wie wir mit uns selbst umgehen. Menschen, die sich selbst akzeptieren, sind weniger anfällig für die lähmende Wirkung von Fehlern oder Ablehnung. Sie sehen Hindernisse als Lernmöglichkeiten und nicht als endgültige Beweise für ihr Versagen.

Um Resilienz aufzubauen, ist es wichtig, sich auf Fortschritt anstatt auf Perfektion zu konzentrieren. Kleine Schritte, wie das Üben neuer sozialer Fähigkeiten oder das Setzen realistischer Erwartungen an sich selbst, können zu einem stärkeren Gefühl der Selbstwirksamkeit führen. Resiliente Menschen lernen, dass es in Ordnung ist, Fehler zu machen, solange man bereit ist, daraus zu lernen und weiterzugehen.

Praktische Wege zur Selbstakzeptanz

1. **Negative Gedanken identifizieren und hinterfragen:** Viele isolierte Menschen haben tief verwurzelte Überzeugungen wie „Ich bin nicht gut genug" oder „Niemand mag mich wirklich". Diese Gedanken sollten nicht als Tatsachen akzeptiert, sondern kritisch hinterfragt werden. Ein hilfreiches Werkzeug ist das Führen eines Journals, um diese Gedanken aufzuschreiben und zu analysieren.

2. **Positive Selbstgespräche üben:** Während es anfangs ungewohnt sein mag, ist das bewusste Üben positiver Affirmationen ein kraftvolles Mittel. Zum Beispiel könnte man sich selbst daran erinnern: „Ich arbeite an meinen sozialen Fähigkeiten, und das ist ein wertvoller Schritt."

3. **Den Fokus auf das Hier und Jetzt lenken:** Oft sind es Sorgen um die Zukunft oder Reue über die Vergangenheit, die uns zurückhalten. Meditation oder Achtsamkeitsübungen können helfen, den Geist zu beruhigen und sich auf den gegenwärtigen Moment zu konzentrieren.

4. **Fehler als Teil des Wachstums akzeptieren:** Jeder Mensch macht Fehler, aber sie definieren nicht den gesamten Wert einer Person. Eine offene Haltung gegenüber Fehlern hilft dabei, sie als wertvolle Lektionen anzusehen.

Der Einfluss von Gemeinschaft und Unterstützung

Selbstakzeptanz kann oft schwer allein erarbeitet werden. Der Kontakt zu unterstützenden Gemeinschaften, sei es online oder offline, kann eine entscheidende Rolle spielen. Menschen, die ähnliche Erfahrungen gemacht haben, können nicht nur Verständnis bieten, sondern auch Inspiration und Motivation, weiterzumachen.

Plattformen wie Discord, Meetup oder lokale Selbsthilfegruppen bieten Möglichkeiten, sich mit Gleichgesinnten zu vernetzen. Der Austausch in einem unterstützenden Umfeld hilft dabei, neue Perspektiven zu gewinnen und den eigenen Wert zu erkennen.

Wie kleine soziale Erfolge zu großem Selbstvertrauen führen

Wenn man sich auf den Weg macht, soziale Kontakte zu knüpfen, ist es normal, sich anfangs unsicher zu fühlen. Der Schlüssel liegt darin, klein anzufangen: eine kurze Unterhaltung mit einem Kollegen, ein freundliches „Hallo" an einen Nachbarn oder eine Antwort in einem Online-Forum.

Diese kleinen Schritte bauen nicht nur soziale Kompetenzen auf, sondern stärken auch das Vertrauen in die eigenen Fähigkeiten.

Mit der Zeit summieren sich diese kleinen Erfolge und tragen zu einem positiveren Selbstbild bei. Das Ziel ist nicht, sofort ein Sozialexperte zu werden, sondern einen Weg zu finden, der sich authentisch und nachhaltig anfühlt.

Der Weg zur inneren Stärke

Der Autor schließt mit der Erinnerung daran, dass der Aufbau von Selbstakzeptanz und Resilienz eine Reise ist – keine schnelle Lösung. Es ist eine Reise, die Geduld, Mut und Mitgefühl erfordert. Doch jeder Schritt, so klein er auch sein mag, bringt uns näher an ein Leben, das nicht von Einsamkeit und Selbstzweifeln, sondern von Sinn, Verbindung und innerem Frieden geprägt ist.

Die Wahrheit hinter Medikamenten, Therapie und Selbstwahrnehmung bei ADHD

Die Diskussion über die Abhängigkeit von ADHD-Medikamenten wie Adderall offenbart tiefere Wahrheiten über die Art und Weise, wie wir psychische Gesundheit und Behandlungsansätze verstehen. Es gibt ein grundlegendes Missverständnis, das viele Patienten – und manchmal auch Ärzte – plagt: Was bedeutet es wirklich, „abhängig" zu sein?

Abhängigkeit vs. Unterstützung: Ein Balanceakt

Der Begriff "Abhängigkeit" hat in der Gesellschaft eine starke negative Konnotation. Viele Patienten, die Medikamente wie Adderall einnehmen, fühlen sich schuldig oder gar schwach, weil sie auf etwas angewiesen sind, um ihren Alltag zu bewältigen. Doch ist Abhängigkeit wirklich immer schlecht? Der Artikel betont, dass physiologische Abhängigkeit – also das Angewiesensein auf eine Substanz, um eine Funktion im Körper aufrechtzuerhalten – weder gut noch schlecht ist. Es ist einfach eine Tatsache. Genauso wie ein Diabetiker Insulin benötigt oder jemand mit Bluthochdruck Medikamente nimmt, um die Symptome zu kontrollieren, können ADHD-Medikamente eine Form der Unterstützung sein, die es ermöglicht, ein erfülltes Leben zu führen.

Der entscheidende Punkt ist, dass die Abhängigkeit von Medikamenten nicht das Endziel sein sollte. Stattdessen müssen Patienten ermutigt werden, zusätzliche Fähigkeiten zu entwickeln, die ihnen helfen, unabhängig von der Medikation besser zurechtzukommen. Dies kann durch Psychotherapie, Achtsamkeitsübungen oder das Entwickeln neuer Organisationsstrategien geschehen. Die Medikation dient dabei oft als „Krücke", um den ersten Schritt zu ermöglichen, nicht als dauerhafte Lösung.

Die Rolle der Wahrnehmung

Ein zentrales Thema ist die Art und Weise, wie Patienten Medikamente erleben. Stimulanzien wie Adderall wirken schnell und deutlich, was dazu führt, dass viele Patienten das Gefühl haben, dass diese Medikamente „besser" oder „effektiver" sind als Alternativen wie Nicht-Stimulanzien oder Therapie. Dieses schnelle Feedback kann sowohl ein Vorteil als auch eine Falle sein. Es ist wichtig, dass Patienten verstehen, dass die langfristigen Vorteile von Psychotherapie und Verhaltensänderung oft subtiler und nachhaltiger sind, während die Medikation ein sofortiger, aber kurzzeitiger Effekt ist.

Ein Beispiel hierfür ist der Vergleich mit körperlichem Training: Ein Personal Trainer könnte eine Person dabei unterstützen, bestimmte Übungen effektiver auszuführen, doch die eigentliche Stärke wird erst durch konsequentes Üben über Wochen und Monate hinweg aufgebaut. Ähnlich verhält es sich bei der Therapie für ADHD. Der Fortschritt ist nicht unmittelbar spürbar, aber er kann tiefgreifende Veränderungen bewirken, die ein Leben lang anhalten.

Die Dualität von Medikamenten und Therapie

Die Kombination von Medikamenten und Therapie wird oft als der „Goldstandard" der ADHD-Behandlung bezeichnet. Medikamente bieten eine kurzfristige Entlastung von

Symptomen wie Ablenkbarkeit, Impulsivität und Konzentrationsschwierigkeiten. Doch um die Wurzel des Problems zu erreichen, müssen Patienten lernen, wie sie mit ihren eigenen Gedanken und Verhaltensmustern arbeiten können. Therapie hilft dabei, sich selbst besser zu verstehen und alternative Strategien zu entwickeln, um den Alltag zu meistern.

Ein häufiger Fehler, den viele Patienten machen, ist es, sich ausschließlich auf Medikamente zu verlassen. Der Artikel betont, dass diese Herangehensweise oft in Frustration endet, wenn die Medikamente nicht die gewünschten Effekte erzielen oder Nebenwirkungen auftreten. Die wahre Stärke liegt in der Kombination: Medikamente bieten Stabilität, während Therapie und Verhaltensänderung nachhaltige Ergebnisse ermöglichen.

ADHD und soziale Isolation

Ein oft übersehener Aspekt von ADHD ist seine Auswirkung auf soziale Beziehungen. Menschen mit ADHD, ob Kinder oder Erwachsene, haben oft Schwierigkeiten, soziale Normen zu erkennen und angemessen zu reagieren. Kinder mit ADHD werden möglicherweise seltener zu Geburtstagsfeiern eingeladen, und diese frühen Erfahrungen können später zu Gefühlen von Isolation und Unsicherheit führen. Für Erwachsene zeigt sich dies häufig in der Arbeitswelt, wo soziale Kompetenzen genauso wichtig sind wie Fachkenntnisse.

Die Behandlung von ADHD sollte daher nicht nur auf die Bewältigung kognitiver und organisatorischer Herausforderungen abzielen, sondern auch auf die Förderung sozialer Fähigkeiten. Gruppentherapien, soziale Trainingsprogramme oder sogar die Teilnahme an neuen Hobbys können dabei helfen, die Isolation zu durchbrechen und das Selbstvertrauen in sozialen Interaktionen zu stärken.

Missverständnisse und Fehldiagnosen

Ein weiteres großes Problem ist die Unter- und Überdiagnose von ADHD. Einige Erwachsene erkennen erst spät, dass ihre Schwierigkeiten im Leben auf unerkanntes ADHD zurückzuführen sind. Sie haben möglicherweise Jahre oder sogar Jahrzehnte damit verbracht, sich selbst zu verurteilen, weil sie nicht „funktionieren" konnten wie andere. Auf der anderen Seite gibt es auch Kinder, die fälschlicherweise mit ADHD diagnostiziert werden, weil ihre Eltern oder Lehrer mit ihrem Verhalten überfordert sind. Diese Diskrepanz zeigt, wie wichtig eine fundierte Diagnose durch einen Spezialisten ist.

Für Erwachsene, die den Verdacht haben, dass sie ADHD haben könnten, ist es entscheidend, sich an einen erfahrenen Psychologen oder Psychiater zu wenden, der die Symptome richtig einordnen kann. Dies ist besonders wichtig, da ADHD oft mit anderen Störungen wie Angstzuständen oder Depressionen einhergeht, was die Diagnose erschweren kann.

Den Fokus auf das Wesentliche lenken

Letztendlich geht es darum, Patienten zu ermutigen, die Kontrolle über ihre eigene Behandlung zu übernehmen. Sie müssen lernen, die Stärken und Schwächen der verschiedenen Behandlungsansätze zu verstehen und eine informierte Entscheidung zu treffen. Dies bedeutet auch, Verantwortung für ihre eigene Gesundheit zu übernehmen und aktiv an ihrer Entwicklung zu arbeiten.

Es ist nie zu spät, sich weiterzuentwickeln, unabhängig davon, ob man Medikamente nimmt oder nicht. Jeder hat die Fähigkeit, neue Fähigkeiten zu erlernen, Beziehungen zu stärken und ein erfülltes Leben zu führen. ADHD ist keine lebenslange Einschränkung – es ist eine Herausforderung, die gemeistert werden kann, wenn man bereit ist, den Weg der Selbstverbesserung zu gehen.

Das nächste Kapitel könnte sich darauf konzentrieren, wie Patienten spezifische Strategien entwickeln können, um ihren Alltag besser zu bewältigen, und wie sie das richtige Gleichgewicht zwischen Medikation, Therapie und Lebensstiländerungen finden.

Wie man sich selbst aus der Isolation befreit

Einsamkeit und das Gefühl, unverstanden zu sein, können lähmend wirken, doch der erste Schritt aus diesem Zustand liegt in der bewussten Selbstreflexion und dem Aufbau neuer Gewohnheiten. Die Person muss sich fragen, ob ihr Bedürfnis nach tiefgründigen, intellektuellen Gesprächen tatsächlich eine Sehnsucht nach Verbindung ist – oder ob es möglicherweise eine Schutzmauer darstellt, um Verletzlichkeit zu vermeiden.

Das eigene Mindset hinterfragen

Der Gedanke, dass "alle anderen dumm sind", spiegelt oft nicht die Realität wider, sondern vielmehr eine innere Unsicherheit oder das Bedürfnis nach Kontrolle. Es ist leichter, andere abzuwerten, als sich selbst Schwächen einzugestehen. Diese Denkmuster können durch regelmäßige Selbstreflexion aufgelöst werden. Eine nützliche Frage lautet: **"Was sehe ich in anderen, das ich möglicherweise an mir selbst nicht akzeptieren kann?"**. Oft projizieren wir unsere Ängste und Schwächen auf andere, um uns vor dem Schmerz zu schützen, uns diesen direkt stellen zu müssen.

Empathie entwickeln

Anstatt Menschen anhand ihrer Fehler zu bewerten, sollte versucht werden, hinter die Fassade zu blicken. Jeder handelt aufgrund seiner eigenen Erfahrungen, Traumata und Denkweisen. Der Kollege, der impulsive Entscheidungen trifft, oder der Freund, der sich untreu verhält, spiegelt oft nicht fehlende Intelligenz wider, sondern unerfüllte Bedürfnisse oder mangelnde Strategien, um mit Herausforderungen umzugehen. Empathie bedeutet nicht, dass man alles tolerieren muss, sondern dass man versucht, die Beweggründe anderer zu verstehen. Dies kann die Perspektive erweitern und die eigenen Vorurteile mildern.

Neue Umgebungen suchen

Ein häufiger Grund für das Gefühl der Isolation ist, dass man in einem Umfeld bleibt, das nicht zu den eigenen Interessen oder Werten passt. Dies verstärkt das Gefühl, fehl am Platz zu sein. Stattdessen könnte die Person aktiv nach neuen sozialen Kreisen suchen, die ihre Leidenschaft und Werte teilen. Buchclubs, philosophische Diskussionsrunden, gemeinnützige Organisationen oder Online-Communities zu spezifischen Interessen könnten Plattformen bieten, um Gleichgesinnte zu finden.

Die Komfortzone verlassen

Viele Menschen bleiben in ihrer Komfortzone, weil sie Angst vor Ablehnung haben. Doch Beziehungen – und vor allem tiefgründige Verbindungen – erfordern Verletzlichkeit. Die Person könnte damit beginnen, ihre Komfortzone Schritt für Schritt zu erweitern. Ein einfacher Anfang wäre, Gespräche mit Menschen zu suchen, mit denen sie normalerweise nicht interagieren würde. Auch wenn diese Gespräche oberflächlich erscheinen mögen, können sie eine Brücke zu tiefergehenden Verbindungen bilden.

Annehmen, dass Menschen unvollkommen sind

Eine weitere Herausforderung ist, die eigenen Erwartungen an Beziehungen zu senken. Kein Mensch wird je all unsere

Bedürfnisse erfüllen können – und das ist in Ordnung. Beziehungen basieren auf Geben und Nehmen, und manchmal muss man akzeptieren, dass nicht jeder tiefgründige Gespräche führen oder intellektuell herausfordernd sein kann. Doch auch Menschen, die diese Qualitäten nicht haben, können wertvoll sein – sei es durch Freundlichkeit, Humor oder Unterstützung in schweren Zeiten.

Therapie und persönliche Entwicklung

Wenn die Prägungen aus der Kindheit so tief sitzen, dass sie die gegenwärtigen Beziehungen dominieren, könnte eine Therapie helfen. Ein Therapeut kann dabei unterstützen, negative Glaubenssätze zu erkennen und aufzulösen. Insbesondere der Einfluss der Mutter, die die Person gelehrt hat, andere zu beurteilen, kann durch gezielte Arbeit aufgearbeitet werden. Es ist wichtig, sich von solchen Denkmustern zu lösen, um den Weg für authentische Verbindungen freizumachen.

Kleine Erfolge feiern

Der Weg aus der Isolation beginnt oft mit kleinen Schritten. Die Person könnte sich zum Ziel setzen, einmal pro Woche mit einem Kollegen Mittag zu essen, ein Gespräch mit einem Fremden zu beginnen oder an einer neuen Aktivität teilzunehmen. Diese kleinen Erfolge können das Selbstvertrauen stärken und die Wahrnehmung ändern, dass "alle anderen dumm sind". Stattdessen könnte sie erkennen, dass viele Menschen bereit sind, Verbindungen aufzubauen, wenn man ihnen die Chance dazu gibt.

Sich selbst akzeptieren

Abschließend ist es essenziell, die eigenen Unsicherheiten und Schwächen anzunehmen. Perfektion ist eine Illusion, und niemand erwartet von der Person, dass sie fehlerlos ist. Indem sie lernt, sich selbst zu akzeptieren, wird es ihr leichter fallen, auch andere in ihrer Unvollkommenheit zu akzeptieren. Diese Selbstakzeptanz kann der Schlüssel zu erfüllenden Beziehungen und einem Gefühl der Verbundenheit sein.

Fazit:

Das Gefühl, dass alle anderen "dumm" sind, ist oft eine Schutzreaktion auf tiefer liegende Unsicherheiten oder alte Prägungen. Indem die Person sich selbst reflektiert, Empathie entwickelt und aktiv neue Verbindungen sucht, kann sie sich aus ihrer Isolation befreien. Der Prozess erfordert Mut und Geduld, doch er führt letztlich zu einem erfüllteren Leben – eines, in dem sie nicht nur verstanden wird, sondern auch andere versteht.

Befreie Deinen Geist: Der Weg aus der Lähmung der Hirnfäule

Brain Rot ist nicht nur ein Zustand des Geistes, sondern eine schleichende Blockade, die uns von der Erfüllung unserer Potenziale abhält. Es ist, als hätte sich ein dichter Nebel im Kopf festgesetzt, der unsere Fähigkeit, klar zu denken, Entscheidungen zu treffen und motiviert zu handeln, lähmt. Doch wie entkommen wir diesem Zustand? Wie schaffen wir es, unsere mentalen Energien zu bündeln und uns auf das Wesentliche zu konzentrieren?

1. Der Kampf gegen den kognitiven Nebel

Der erste Schritt ist das Bewusstwerden. Menschen mit Brain Rot leben oft im Autopilot-Modus – sie konsumieren Inhalte, ohne sie wirklich zu verarbeiten, sie reagieren auf Situationen, ohne sie zu reflektieren. Um aus diesem Zustand herauszukommen, ist es entscheidend, sich Zeit für bewusste Selbstreflexion zu nehmen. Frage dich: **Welche Gedanken halten mich zurück? Welche Gewohnheiten nähren den Nebel in meinem Kopf?**

Ein effektiver Weg, diesen Nebel zu durchbrechen, ist, den Tag mit einem klaren Ziel zu beginnen. Anstatt passiv in den Tag zu starten, kannst du morgens eine kleine, konkrete Aufgabe definieren. Es kann so einfach sein wie ein fünfminütiges Journaling oder das Aufräumen eines kleinen Bereichs deines

Wohnraums. Durch diese bewusste Handlung signalisierst du deinem Geist, dass du die Kontrolle zurückgewinnst.

2. Kleine Schritte, große Wirkung

Menschen, die unter Brain Rot leiden, sehen oft den Berg, den sie erklimmen müssen, anstatt den nächsten Schritt vor Augen zu haben. Die Überforderung durch zu große Ziele führt zu Stillstand. Daher ist es entscheidend, die Herausforderungen in kleinere, machbare Schritte zu zerlegen. Zum Beispiel: Wenn du dich überwältigt fühlst, ein Buch zu lesen, beginne mit einer einzigen Seite. Die Regel lautet: **Mach weniger, aber mach es konsequent.**

Dieser Ansatz erinnert an den Prozess, Muskeln aufzubauen. Du beginnst nicht mit 100 Kilogramm Gewicht, sondern mit leichten Hanteln. Ebenso verhält es sich mit deinem Geist. Regelmäßige, kleine Erfolge bauen dein mentales Vertrauen wieder auf.

3. Entgifte deine mentale Umgebung

Brain Rot gedeiht in einer Umgebung, die ständig überstimuliert wird. Unsere moderne Welt ist ein Nährboden für diese geistige Lähmung: Benachrichtigungen, soziale Medien, endlose Streams – all das hält unser Gehirn in einem Zustand der ständigen Überflutung. Es ist wichtig, digitale Entgiftung als festen Bestandteil deines Alltags zu integrieren. Stelle dir Fragen wie: **Wie viele Stunden verbringe ich täglich am Bildschirm? Welche Inhalte nähre ich meinem Geist, und wie beeinflussen sie meine Gedanken?**

Ein bewährter Ansatz ist das Prinzip des "geistigen Fastens". Plane bewusst Zeiten ein, in denen du alle digitalen Geräte abschaltest und dich auf Offline-Aktivitäten konzentrierst. Spaziergänge in der Natur, kreative Hobbys oder auch nur das bewusste Zuhören von Musik können Wunder wirken, um deinen Geist zu klären.

4. Das Ego entwaffnen

Das Ego spielt eine zentrale Rolle bei der Aufrechterhaltung von Brain Rot. Es flüstert dir ein, dass du nicht gut genug bist, dass du dich mit anderen vergleichen musst, oder dass jede Herausforderung eine Bedrohung darstellt. Diese selbstsabotierenden Gedanken verankern dich in einem Zustand der Passivität.

Um das Ego zu entwaffnen, musst du lernen, diese inneren Stimmen zu erkennen und zu hinterfragen. Frag dich: **Ist das wirklich wahr, was ich über mich denke? Gibt es Beweise dafür, dass ich scheitern werde, bevor ich es überhaupt versucht habe?** Oft wird dir auffallen, dass die negativen Gedanken keine solide Grundlage haben.

Eine hilfreiche Übung ist die Praxis der Achtsamkeit. Indem du lernst, deine Gedanken ohne Urteil zu beobachten, kannst du erkennen, dass du nicht deine Gedanken bist – sie sind lediglich mentale Phänomene, die kommen und gehen. Du hast die Macht, dich von ihnen zu lösen.

5. Schaffe Raum für Wachstum

Brain Rot ist nicht nur ein Zustand des Stillstands, sondern auch ein Mangel an Wachstum. Um deinen Geist wieder in Bewegung zu bringen, ist es wichtig, neue Herausforderungen zu suchen, die dich inspirieren. Das bedeutet nicht, dass du dein Leben komplett umkrempeln musst. Es kann so einfach sein wie das Erlernen einer neuen Fähigkeit, das Lesen eines inspirierenden Buches oder das Eintauchen in ein Thema, das dich schon immer fasziniert hat.

Durch diese bewussten Wachstumsbemühungen stärkst du nicht nur deinen Geist, sondern auch dein Selbstbewusstsein. Jeder kleine Erfolg wird zu einem Beweis dafür, dass du die Fähigkeit besitzt, Veränderungen zu bewirken.

6. Umgang mit Rückschlägen

Auf dem Weg aus dem Brain Rot wirst du auf Rückschläge stoßen – Tage, an denen du wieder in alte Muster fällst oder dich demotiviert fühlst. Doch diese Momente sind keine Niederlagen, sondern Gelegenheiten zur Reflexion. Frage dich: **Was hat mich heute zurückgehalten? Wie kann ich morgen besser darauf reagieren?**

Indem du Rückschläge als Teil des Prozesses akzeptierst, nimmst du ihnen die Macht, dich langfristig zu entmutigen. Fortschritt ist nie linear – er ist ein ständiges Vor und Zurück, ein Tanz zwischen Erfolg und Scheitern.

7. Eine neue mentale Identität formen

Letztendlich geht es darum, eine neue mentale Identität zu formen. Du bist nicht länger die Person, die von Brain Rot kontrolliert wird. Du bist jemand, der aktiv handelt, bewusst denkt und die Kontrolle über sein Leben zurückgewinnt. Diese Transformation erfordert Mut, Geduld und die Bereitschaft, alte Muster loszulassen.

Dein Geist ist formbar – er ist kein starres Konstrukt, sondern ein dynamisches System, das sich durch bewusste Anstrengungen verändern lässt. Indem du Verantwortung für deine Gedanken und Handlungen übernimmst, kannst du die Fesseln des Brain Rot sprengen und ein Leben führen, das von Klarheit, Motivation und Zielstrebigkeit geprägt ist.

Der Weg mag nicht einfach sein, aber er ist es wert. Und am Ende wirst du erkennen, dass die Reise zu einem klaren Geist gleichzeitig die Reise zu deinem besten Selbst ist.

Kapitel 8: Körperliche Gesundheit - Testosteronspiegel optimieren - Ernährung

Warum ist ein optimaler Testosteronspiegel wichtig?

Testosteron, das wichtigste männliche Sexualhormon, spielt eine entscheidende Rolle in der körperlichen und mentalen Gesundheit von Männern. Es beeinflusst nicht nur die Muskelmasse und die Knochendichte, sondern ist auch für die sexuelle Gesundheit, die Stimmung, das Energieniveau und das allgemeine Wohlbefinden von zentraler Bedeutung. Ein optimaler Testosteronspiegel kann somit sowohl die Lebensqualität steigern als auch langfristig zur Prävention vieler Krankheiten beitragen.

Wissenschaftliche Erkenntnisse und Studien zur Bedeutung von Testosteron:

1. **Muskelmasse und Fettabbau:** Testosteron ist eines der wichtigsten Hormone, das für den Muskelaufbau verantwortlich ist. Es fördert die Proteinsynthese und den Muskelaufbau und hilft dabei, den Fettanteil im Körper zu reduzieren. Eine Studie aus dem Jahr 2017 zeigte, dass Männer mit höheren Testosteronwerten eine bessere Körperzusammensetzung aufwiesen und ein geringeres Risiko für Übergewicht und Fettleibigkeit hatten (Zhao et al., 2017).

2. **Knochengesundheit:** Testosteron spielt auch eine wesentliche Rolle bei der Aufrechterhaltung der Knochendichte. Studien haben gezeigt, dass Männer mit niedrigem Testosteronspiegel ein höheres Risiko für

Osteoporose und Frakturen haben. Ein niedriger Testosteronspiegel kann zu einer Verringerung der Knochendichte und damit zu einer erhöhten Gefahr von Knochenschwund führen (Bhasin et al., 2010).

3. **Kardiovaskuläre Gesundheit**: Der Zusammenhang zwischen Testosteron und der Herzgesundheit ist komplex. Einige Studien deuten darauf hin, dass Testosteron ein kardioprotektives Hormon ist, das den Blutdruck und den Cholesterinspiegel positiv beeinflussen kann. Eine Untersuchung aus dem Jahr 2016 fand heraus, dass Männer mit einem niedrigen Testosteronspiegel ein höheres Risiko für kardiovaskuläre Erkrankungen und einen höheren Blutdruck hatten (Zarrouk et al., 2016).

4. **Psychische Gesundheit und Stimmung**: Testosteron hat einen direkten Einfluss auf die Stimmung und das mentale Wohlbefinden. Niedrige Testosteronwerte wurden mit Depressionen, Angstzuständen und einem geringeren Selbstwertgefühl in Verbindung gebracht. Eine Meta-Analyse von Zarrouk et al. (2016) zeigte, dass Testosterontherapien bei Männern mit niedrigen Werten positive Effekte auf die Stimmung und das allgemeine Wohlbefinden hatten.

5. **Sexuelle Gesundheit**: Testosteron ist das Hauptmännliche Sexualhormon und beeinflusst die Libido, die sexuelle Leistungsfähigkeit und die Fruchtbarkeit. Ein niedriger Testosteronspiegel kann zu erektiler Dysfunktion, verringertem Sexualtrieb und Fruchtbarkeitsproblemen führen (Khera et al., 2014). Zudem hat Testosteron einen direkten Einfluss auf die Spermatogenese, also die Produktion von Spermien.

Wie die Testosteronsynthese zustande kommt

Die Synthese von Testosteron im Körper ist ein komplexer Prozess, der vor allem in den Hoden und den Nebennieren stattfindet. Dieser Prozess wird durch die Hypothalamus-Hypophysen-Gonaden-Achse (HPA-Achse) reguliert. Hier sind die einzelnen Schritte der Testosteronsynthese:

1. **Hypothalamus und LH (Luteinisierendes Hormon)**: Der Hypothalamus im Gehirn reagiert auf verschiedene interne und externe Signale und schüttet das Hormon Gonadotropin-Releasing-Hormon (GnRH) aus. Dieses Hormon wirkt auf die Hypophyse, die daraufhin das luteinisierende Hormon (LH) freisetzt.

2. **LH und Testosteronproduktion**: LH gelangt über den Blutkreislauf zu den Hoden, wo es die Leydig-Zellen anregt, Testosteron zu produzieren. In den Leydig-Zellen wird Cholesterin in Testosteron umgewandelt, ein Prozess, der durch verschiedene Enzyme, insbesondere 17-alpha-Hydroxylase und 17,20-Lyase, unterstützt wird.

3. **Testosteron und seine Wirkungen**: Das produzierte Testosteron wird dann ins Blut abgegeben, wo es verschiedene Körperfunktionen beeinflusst, darunter den Muskelaufbau, die Knochengesundheit, die sexuelle Funktion und die Stimmung. Ein kleiner Teil des Testosterons wird auch in Dihydrotestosteron (DHT) umgewandelt, das eine noch stärkere Wirkung auf den Körper hat.

Wie man SHBG senken kann

Sexualhormon-bindendes Globulin (SHBG) ist ein Protein im Blut, das an Testosteron und andere Sexualhormone bindet.

Der Anteil des Testosterons, der an SHBG gebunden ist, steht dem Körper nicht für die Nutzung zur Verfügung. Daher ist es wichtig, den SHBG-Spiegel zu senken, um den freien, biologisch aktiven Testosteronspiegel zu erhöhen. Hier sind einige Strategien zur Senkung des SHBG:

1. **Lebergesundheit**: Eine gesunde Leber spielt eine wichtige Rolle bei der Regulation des SHBG-Spiegels. Der Verzicht auf Alkohol und der Einsatz von intermittierendem Fasten haben sich als effektiv erwiesen, um die Leberfunktion zu verbessern und die SHBG-Produktion zu senken. Alkohol belastet die Leber und kann den SHBG-Spiegel negativ beeinflussen.

2. **Boron**: Boron ist ein Mineral, das die Testosteronproduktion steigern und SHBG senken kann. Eine Dosis von etwa 12 mg Boron pro Tag kann helfen, den freien Testosteronspiegel zu erhöhen.

3. **Kohlenhydrataufnahme**: Eine moderate bis hohe Kohlenhydrataufnahme kann den SHBG-Spiegel senken. Kohlenhydrate tragen zur Insulinproduktion bei, die wiederum den SHBG-Spiegel verringern kann.

4. **Vitamin D**: Vitamin D ist wichtig für die Testosteronsynthese und kann helfen, den SHBG-Spiegel zu senken. Eine tägliche Dosis von 3300 IU Vitamin D durch Sonnenexposition oder Nahrungsergänzungsmittel hat sich als vorteilhaft erwiesen.

5. **Magnesiumöl**: Magnesium kann die Produktion von freiem Testosteron steigern, indem es den SHBG-Spiegel senkt. Die Anwendung von Magnesiumöl auf der Haut kann besonders effektiv sein.

6. **Zink**: Zink ist ein weiterer Mineralstoff, der eine Schlüsselrolle in der Testosteronsynthese spielt und dazu beiträgt, SHBG zu senken. Eine tägliche Zinkaufnahme von 15–30 mg hat sich als vorteilhaft erwiesen.

7. **Vermeidung bestimmter Medikamente**: Bestimmte Medikamente wie Statine, Beta-Blocker, Antimykotika, Antidepressiva und Mittel gegen Haarausfall können den SHBG-Spiegel erhöhen und damit den freien Testosteronspiegel verringern. Der Verzicht auf diese Medikamente, wenn möglich, kann daher hilfreich sein.

Wie man die Insulinsensitivität erhöht

Insulinresistenz kann die Testosteronproduktion beeinträchtigen und die Gesundheit negativ beeinflussen. Hier sind einige Möglichkeiten, die Insulinsensitivität zu verbessern:

1. **Berberin HCl**: Berberin ist eine natürliche Verbindung, die in mehreren Pflanzen vorkommt und nachweislich die Insulinempfindlichkeit erhöht. Eine Dosis von 500 mg Berberin, dreimal täglich, hat sich als besonders effektiv erwiesen.

2. **Zimt**: Zimt hat eine insulinsensibilisierende Wirkung und hilft, die Geschwindigkeit, mit der Glukose in den Blutkreislauf aufgenommen wird, zu reduzieren. Besonders vorteilhaft ist Ceylon-Zimt, der in der Dosierung von 1 g, 2–3-mal täglich, verwendet werden kann.

3. **Chrom**: Chrom spielt eine wichtige Rolle bei der Regulierung des Blutzuckerspiegels und kann helfen, die Insulinsensitivität zu erhöhen. Eine tägliche Dosis von 300 mcg Chrom, 2–3-mal pro Tag, kann den

Blutzuckerspiegel stabilisieren und die Testosteronproduktion unterstützen.

Das optimale Verhältnis von Kohlenhydraten zu Proteinen für einen höheren freien Testosteronspiegel

Studien haben gezeigt, dass ein bestimmtes Makronährstoffverhältnis einen positiven Einfluss auf den Testosteronspiegel hat. Ein Verhältnis von **2:1** zwischen Kohlenhydraten und Proteinen führt zu einer **36% höheren Konzentration von freiem Testosteron**. Das bedeutet, dass du während des Tages eine höhere Kohlenhydrataufnahme im Vergleich zu Protein zu dir nehmen solltest.

Empfohlene Makronährstoffverteilung

Die optimale Makronährstoffverteilung für die Maximierung des Testosteronspiegels sieht folgendermaßen aus:

- **40% Kohlenhydrate**

- **20% Protein**

- **40% Fett**

An Trainingstagen kann es vorteilhaft sein, die Kohlenhydrataufnahme leicht zu erhöhen und moderate Mengen an Protein zu konsumieren, um die Testosteronproduktion und den Muskelaufbau zu unterstützen.

Die Rolle der Fette

Fett hat einen entscheidenden Einfluss auf die Testosteronproduktion, da Testosteron aus Cholesterin synthetisiert wird. Rund **40% der täglichen Kalorien** sollten aus Fettquellen stammen, um die Testosteronproduktion zu unterstützen. Besonders empfehlenswert sind gesunde Fette aus Eiern, Butter, tierischen Organen und rotem Fleisch, mit moderaten Mengen an Kokosöl, Olivenöl und Avocados.

Wie Kaffee den Testosteronspiegel beeinflusst

Kaffee hat nachweislich positive Auswirkungen auf den Testosteronspiegel, insbesondere wenn er vor dem Training konsumiert wird. Studien haben gezeigt, dass der Testosteronspiegel um **12-21%** steigt, wenn Kaffee vor dem Training getrunken wird. Darüber hinaus kann Kaffee die Aktivität des Enzyms **5-alpha-Reduktase** um **30%** erhöhen, was zu einer Steigerung des DHT-Spiegels (Dihydrotestosteron) führen kann, einem stärkeren Derivat von Testosteron, das besonders wichtig für die sexuellen Funktionen ist.

Strategien zur Erhöhung von DHT

DHT (Dihydrotestosteron) ist ein besonders aktives Testosteron-Derivat, das eine starke Wirkung auf das Wachstum von Haaren, Muskeln und die sexuelle Gesundheit hat. Um den DHT-Spiegel zu erhöhen, kann die Einnahme von **Butea Superba** in einer Dosierung von **2 x 1 g pro Tag** hilfreich sein.

Was künftig <u>vermeiden</u>?

Lebensmittel
- Fast alle mehrfach ungesättigten Fettsäuren
- Lebensmittel mit hohem Gehalt an Beta-Sitosterol
- Lebensmittel mit hohem Lycopin-Gehalt
- Soja-Isoflavone
- Kürbiskerne
- Grüner Tee
- Curcumin

  - Lakritz

  - Pfefferminz

  - Spearmint

  - Pflanzliche Öle (auch keine Margarine)
    (außer: Kokos-, Oliven-, Avocado- & Palmöl)

  - Sojaprodukte

  - Hopfen (Bier)

  - Leinsamen(-Produkte)

  - Transfette
    (frittiertes, Fast Food, aber auch Gebäck wie Kuchen, Muffins & Kekse, etc.)

Nahrungsergänzungsmittel
- Bockshornklee
- Astaxanthin
- Reishi-Pilz

- Sägepalme (Saw Palmetto)
- DIM (Diindolylmethan)

Medikamente
- Finasterid
- Dutasterid
- Turosterid
- 4-MA
- Statine
- SSRIs (selektive Serotonin-Wiederaufnahmehemmer)

Sonstige
- Phthalate in Kunststoffen
- Bisphenol A
- Pestizide
- Arylsäure-Farbstoffe wie Blau-25, Rot-11, Orange-1, Gelb-1 und Violett-13

Was künftig <u>essen</u>?

- Bananen
- Fisch
- Leber & Niere
- Eier
- Linsen
- Nüsse
- 1 Kiwi eine Stunde vor dem Schlafengehen (verbessert die Schlafqualität)
- Bio-(Voll-)Milch (1 l deckt 100 % des täglichen Calciumbedarfs)
- Spinat
- Paranüsse (möglichst mit viel Schale)
- Avocado
- Wildfang-Garnelen (fast täglich)
- Rohkakao, unverarbeitete Salze, Fleisch, Blattgemüse, Nüsse
- Wilde Sardinen
- Bohnen
- Erdnussbutter/Mandelbutter
- Kefir
- Rohmilch
- Iss viele Beeren

- Iss Rüben

- Vermeide verarbeitetes Fleisch, bevorzuge biologisch und grasgefüttertes Fleisch

- Iss Zitrusfrüchte

Hinweis: Wenn möglich, keine Mikrowelle zum Erwärmen verwenden, da wichtige Inhaltsstoffe wie Cholin dabei zerstört werden können!

**Aus welcher Quelle sollte man ~40%
<u>Kohlenhydrataufnahme</u> beziehen und warum?**

Gruppe 1.
Stärkehaltige Knollen und Gemüse: Kartoffeln, Süßkartoffeln,
Kürbisse, Rüben, Möhren, Beete, Kürbisse, usw.

KARTOFFELN=God Tier

Gruppe 2. (NUR AB UND ZU ETWAS AUS GRUPPE 2 ESSEN!)
Getreide: Weizen, Reis, Körner, Nudeln, Mais, Brot, usw.

- Getreide enthält Gluten = Prolaktinanstieg
- Getreide verursacht Entzündungen

**% der Menschen mit einem Mangel an mehreren wichtigen
<u>Mikronährstoffen</u>:**

- Vitamin A (35 %)

- Vitamin C (31 %)

- Vitamin E (67 %)

- Vitamin D (74 %)

- Vitamin K (67 %)

- Cholin (92 %)

- Kalium (100 %)

- Kalzium (39 %)

- Magnesium (46 %)

Was künftig <u>supplementieren</u>?

- 1x Vitamin-Mineral-Komplex
- Vitamin D
- 12 mg Boron
- Magnesium
- Kalzium (oder 1l Milch/Tag)
- naszierendes Jod
- Ashwaganda KSM-66 (eventuell)

Kapitel 9: Körperliche Gesundheit - Testosteronspiegel optimieren – Training

Optimal Testosteronproduktion durch Training

Ein wichtiger Bestandteil der Testosteronproduktion und -optimierung ist das richtige Training. Das Hormon Testosteron wird nicht nur durch Ernährung und Lifestyle beeinflusst, sondern auch durch den gezielten Einsatz von körperlicher Aktivität. Verschiedene Trainingsmethoden wirken auf den Testosteronspiegel, indem sie die Hormonproduktion anregen und gleichzeitig Muskelmasse und Fettverbrennung fördern. In diesem Kapitel werden die besten Trainingsansätze und -strategien behandelt, um die Testosteronproduktion durch gezieltes Training zu maximieren.

Explosives Training als Schlüssel zur Testosteronproduktion

Explosives Training ist eine der effektivsten Methoden zur Optimierung der Testosteronproduktion. Studien haben gezeigt, dass explosive Bewegungen (z. B. schnelle, kraftvolle Übungen) die neuromuskuläre Reaktion und die Aktivierung der Androgenrezeptoren (AR) im Körper verstärken können. Diese Rezeptoren sind entscheidend für die Wirkung von Testosteron, da sie es dem Körper ermöglichen, das Hormon effizient zu nutzen.

Bestes neuromuskuläres (NM) und Androgenrezeptor (AR) Response durch explosives Training:

Explosives Training aktiviert in erster Linie die schnellen Muskelfasern, die mehr Testosteron produzieren und die Rezeptoren besser aktivieren. Durch schnelle Bewegungen wie

Sprünge, Sprints und explosive Gewichtheben-Übungen wird der Körper stimuliert, mehr Testosteron zu produzieren, um die Anforderung an die Muskulatur zu bewältigen.

- **Beispielübungen**:
    - Sprünge (Boxsprünge, Weitsprung)
    - Sprints (schnelle Kurzstreckenläufe)
    - Kettlebell Swings
    - Power Cleans

Studien belegen, dass weniger exzentrische Bewegungen (d.h. langsame kontrollierte Bewegungen beim Senken des Gewichts) in Kombination mit explosiven Bewegungen dazu führen, dass niedrigere Schwellenwerte für die Testosteronproduktion erreicht werden, was den Testosteronspiegel langfristig stabilisiert und steigert.

Hohe Workload und Muskelvolumen:

Das optimale Training zur Förderung des Testosteronspiegels umfasst eine hohe Arbeitsbelastung (Workload) bei gleichzeitiger Aktivierung großer Muskelgruppen. Dies bedeutet, dass das Training möglichst viele Muskelgruppen anspricht und den Muskelkonditionierungsprozess intensiviert. Dies führt zu einer stärkeren Ausschüttung von Wachstumshormonen (GH) und Testosteron, da der Körper bei intensivem Training eine größere Menge an Muskelfasern rekrutieren muss.

- **Volumen**: Das Training sollte ein hohes Volumen haben, wobei der Widerstand (Gewicht) und die Wiederholungszahl in einem optimalen Verhältnis stehen. Besonders explosionsartige Bewegungen, die über Widerstand ausgeführt werden, aktivieren die gewünschten Muskeln.

Training unterhalb einer Leistungsschwelle:

Das Ziel des Trainings zur Optimierung des Testosteronspiegels ist es, die Muskeln so zu stimulieren, dass sie sich immer wieder erholen und anpassen können. Ein Training, das unterhalb einer Leistungsschwelle arbeitet, ist hier besonders sinnvoll. Dies bedeutet, dass die Belastung so angepasst wird, dass der Körper nicht dauerhaft überfordert ist, sondern stetig kleine, aber wirksame Fortschritte erzielt.

Ein gutes Beispiel für solch ein Training ist die Methode des "self-limiting", bei der der Körper den Widerstand nach Bedarf anpasst, um eine Überlastung zu vermeiden.

Wiederholungsbereich und Fokus auf Explosivität

Eine der wichtigsten Trainingsmethoden für die Maximierung des Testosteronspiegels ist die Arbeit mit einem Wiederholungsbereich von **5 bis 8 Wiederholungen**. Dieser Bereich ist optimal, da er genug Volumen bietet, um die Muskeln zu erschöpfen, aber gleichzeitig ausreichend intensive Reize setzt, um die Testosteronproduktion zu maximieren. Der Fokus sollte hierbei auf Explosivität und Geschwindigkeit in der Bewegungsausführung liegen.

- **Warum 5-8 Wiederholungen?** Studien haben gezeigt, dass der Bereich von 5-8 Wiederholungen die Muskulatur in einem hohen Maße stimuliert, ohne dass die Wiederholungen zu viele werden und die Qualität der Bewegungen abnimmt. Explosiv ausgeführte Wiederholungen in diesem Bereich sind optimal, um die Testosteronproduktion zu fördern.

Ruhepausen und Wachstumshormon (GH)-Freisetzung:

Die Länge der Ruhepausen zwischen den Sätzen beeinflusst die Ausschüttung von Wachstumshormonen und Testosteron. Um das Wachstumshormon optimal freizusetzen und den Testosteronspiegel zu steigern, sollten Pausen zwischen den Sätzen **60 Sekunden** betragen. Diese kurze Pause hält die Intensität des Trainings hoch und sorgt dafür, dass der Körper weiterhin auf Hochtouren läuft, um die benötigten Ressourcen für die Muskeln bereitzustellen.

Muscle Up: Die beste Übung

Die "Muscle Up"-Übung, eine Kombination aus Klimmzügen und Dips, ist eine der besten Übungen, um den Testosteronspiegel zu steigern. Sie beansprucht nicht nur den Oberkörper intensiv, sondern fördert auch eine hohe neuromuskuläre Reaktion. Muskelaufbau und Kraftsteigerung werden in einem dynamischen Bewegungsablauf erreicht, was das Training besonders effektiv macht.

- **Warum Muscle Up?** Diese Übung stimuliert die oberen Körpermuskeln – insbesondere den Rücken, die Brust und die Schultern – und ermöglicht es, eine Vielzahl von Muskelgruppen gleichzeitig zu aktivieren. Sie fördert zudem die Explosivität und hilft, den Testosteronspiegel signifikant zu steigern.

Progression im Training

Um stetige Fortschritte im Training zu erzielen und den Testosteronspiegel langfristig zu optimieren, ist eine regelmäßige Steigerung des Trainingsgewichts unerlässlich. Ein effektiver Ansatz zur Steigerung der Trainingsintensität ist das sogenannte "Reverse Pyramid Training". Bei dieser Methode beginnst du mit dem schwersten Satz und reduzierst das Gewicht in den folgenden Sätzen um 5-15 %. Dies ermöglicht es dir, die Intensität des Trainings zu erhöhen und gleichzeitig die Muskeln weiter zu belasten.

- **Beispiel für Reverse Pyramid Training:**

  o Satz 1: 300 kg (schwerer Satz)

  o Satz 2: 270 kg (5-10 % Reduktion)

  o Satz 3: 240 kg (10-15 % Reduktion)

  o Weiterer Satzverlauf mit schrittweiser Erhöhung des Gewichts

Auf diese Weise wird das Training über mehrere Sätze hinweg progressiv intensiver, was dazu führt, dass der Körper immer wieder stimuliert wird, mehr Testosteron zu produzieren.

Gerade Sätze bei Isolationsübungen

Isolationsübungen wie Bizepscurls oder Beinstrecker können mit "Straight Sets" durchgeführt werden. Bei dieser Methode bleibt das Gewicht für jeden Satz gleich, jedoch kann die Wiederholungszahl steigen, bis der Muskel ausgepowert ist. Beispielsweise kannst du die Wiederholungszahlen in den ersten Sätzen steigern (z. B. 12, 10, 8) und nach Erschöpfung das Gewicht erhöhen, um den Muskel weiter zu fordern.

- **Straight Sets** eignen sich für Übungen, bei denen weniger explosive Bewegungen gefragt sind, wie z. B. Maschinenübungen oder Übungen, bei denen Präzision und Isolation im Vordergrund stehen.

Übungsauswahl und Trainingseinheit

Für das optimale Muskelwachstum und die Förderung der Testosteronproduktion ist es wichtig, dass du strategisch deine Übungen auswählst:

1. **Hauptübungen (Checkpoints)**: Wähle für jedes Training 1-2 Hauptübungen, die den größten Einfluss auf die Muskelmasse und den Testosteronspiegel haben. Dies können Übungen wie Kreuzheben, Bankdrücken oder Kniebeugen sein.

2. **Sekundäre und Isolationsübungen**: Ergänze dein Training mit 2-4 Sekundär- und Isolationsübungen, die auf spezifische Muskelgruppen abzielen.

3. **Spezialübungen**: Diese sollten nur dann eingeplant werden, wenn du spezifische Plateaus überwinden oder einen besonderen Fokus auf eine Körperregion legen möchtest.

Beste Übungen

Schultern

Hauptübungen

- Langhantel-Schulterpresse im Sitzen
- Stehendes Schulterdrücken mit Langhantel
- Sitzende Kurzhantelpresse
- Maschinenschulterdrücken

Sekundäre Übungen

- Seitliches Heben der Kurzhantel im Sitzen
- Kurzhantelheben im Sitzen von vorne
- Schrägbank mit Bruststütze
- Kurzhantel hinten seitlich heben
- Seitliches Heben der Kurzhantel im Stehen
- Stehendes Kurzhantel-Heben von vorne
- Umgekehrtes seitliches Heben im Liegen
- Seitliches Heben mit Kabel
- Kabelheben vorne
- Seitliches Heben mit Kabel hinten

Spezial Übungen

- Schulterdrücken mit Langhantel im Sitzen hinter dem Nacken
- Langhanteldrücken stehend hinter dem Nacken
- Seitliches Heben mit gebogenem Arm
- Kubanische Presse
- Bradford-Presse

Brust

Hauptübungen

- Bankdrücken
- Schrägbankdrücken
- Kurzhantel Schrägbankdrücken
- Dips (mit Zusatzgewicht)
- Maschinen-Bankdrücken

Sekundäre Übungen

- Fliegende mit Kurzhanteln, Flachbank
- Fliegende mit Kurzhanteln, Schrägbank
- Kabel-Crossover
- Fliegende am Kabel

Spezial Übungen

- Soto-Presse
- Liegestütze (mit Zusatzgewicht)

Trizeps

Hauptübungen

- Bankdrücken mit engem Griff
- Skullcrusher
- Trizeps-Extension im Sitzen
- Trizepsstrecker im Stehen

Sekundäre Übungen

- Kabelpresse unten

- Kabel-Seildrücken
- Stehendes Kabel-Seilheben (über Kopf)
- Kabelzugdrücken mit umgekehrtem Griff
- Einarmiges Kabelpressen nach unten
- Einarmiges Kabelpressen mit umgekehrtem Griff
- Kurzhantel Überkopfdrücken
- Einarmiges-Überkopf-Kurzhantel-Schrägbankdrücken
- Trizepsstrecken Schrägbank

Spezial Übungen

- Kurzhantel Pull Overs
- SZ-Stange Pull Overs
- JM-Presse
- Rippetoe Kabelpresse nach unten

Rücken

Hauptübungen

- Klimmzüge mit Gewichten (Obergriff)
- Klimmzüge mit Gewichten (Untergriff)
- Kabelzug
- Powerclean

Sekundäre Übungen

- Rudern, nach vorne gebeugt im Stehen
- Rudern auf der Schrägbank
- 1-Arm-Rudern mit Kurzhanteln
- 1-Arm-Rudern an der Maschine
- Rudern mit Kabel
- Rudern mit Langhantel

Spezial Übungen

- Pedlay Rudern
- Rack Pulls
- Langhantel Shrugs

Bizeps

Hauptübungen

- Langhantel Curl
- SZ-Stange Curl
- Kurzhantel Curl
- Hammercurl

Sekundäre Übungen

- Kabel-Curl
- Umgekehrter Kabelcurl

- SZ-Stange Reverse Curl
- Preacher Curl
- Umgekehrter Preacher Curl

Spezial Übungen

- Zottman-Curl
- Fat Bar / Fat Grip Curl
- Fat Bar / Fat Grip Reverse Curl

Beine

Hauptübungen

- Kniebeuge
- Front-Kniebeuge
- Sumo-Kreuzheben
- Pistolen Kniebeugen
- Bulgarian Split Squat
- 45-Grad-Beinpresse
- Maschine Hackenschmidt
- Po Kick Backs

Sekundäre Übungen

- Maschine Beinpressen
- Beinstrecker
- Ausfallschritt
- Step Ups

Spezial Übungen

- Teilbereich Kniebeuge
- Pause Kniebeuge

Warum solltest du mindestens einmal pro Woche sprinten?

Sprints sind eine ausgezeichnete Möglichkeit, den Testosteronspiegel zu steigern und gleichzeitig die untere Körpermuskulatur zu entwickeln. Sprints aktivieren fast alle großen Muskelgruppen und fördern sowohl die Produktion von Testosteron als auch von Wachstumshormonen.

- **Warum Sprints?**
  - Sie steigern Testosteron und Wachstumshormone.
  - Fördern die Hypertrophie im unteren Körperbereich, insbesondere in den Oberschenkeln und Gesäßmuskeln.
  - Mehrere Sprints, die nicht länger als 25 Sekunden dauern und eine Distanz von jeweils ca. 200 Metern umfassen, sind ausreichend, um den Testosteronspiegel zu steigern.

Einfach zu folgende Schritte, um den Testosteronspiegel natürlich zu erhöhen

1. Eine ausgewogene Ernährung

Legen den Schwerpunkt auf Lebensmittel mit einem hohen Anteil an gesättigten Fetten wie Butter, Kokosnussöl, Eier.

2. Supplemente

Vitamin D3, Fischöl, (Whey-) Molkenprotein, Magnesium, Kreatin

3. Sport treiben

Schwerpunkt auf Krafttraining und HIIT-Kardiotraining

4. Nicht übertrainieren

5. Mehr und besseren Schlaf bekommen

6. Stress bewältigen

7. Vermeide Xenoöstrogene und andere T-senkende Chemikalien

8. Mehr Sex haben

9. Kalt duschen

Weitere Schritte zur Maximierung des Testosterons durch Training

Es gibt noch viele weitere Möglichkeiten, den Testosteronspiegel durch gezieltes Training zu steigern. In den folgenden Abschnitten werden wir einige zusätzliche Tipps und Übungen behandeln, die dir helfen, dein Training optimal zu gestalten und den Testosteronspiegel kontinuierlich zu erhöhen.

Kapitel 10: Körperliche Gesundheit - Trainingspläne

Vorab sei gesagt, dass viele Wege nach Rom führen. Insbesondere bei Anfängern ist der eigentliche Trainingsplan relativ egal. Sprecht als Anfänger auf jeden Fall mit einem erfahrenen Trainer und meistert zuerst die Grundübungen. Wichtig ist immer eine saubere Technik, um Verletzungen zu vermeiden.

Lasst euch im Fitnessstudio alles genau zeigen und fragt nach einem Anfänger-Trainingsplan. Die folgenden Pläne sind daher als „Pläne für fortgeschrittene" mit ca. 1 Jahr Erfahrung gedacht.

Als Anfänger schaut auf den bekannten Bodybuilding Foren und macht Klassiker wie „Starting Strength", oder ähnliches, nachdem ihr die Technik der Grundübungen gemeistert habt und sicher und mit sauberer Technik trainieren könnt.

„Anfängerplan"

Häufigkeit: 3x pro Woche

Pausenzeiten zwischen Sätzen: 1:30-2 Minuten

Tag A

- **Bankdrücken:** 3 Sätze à 10 Wiederholungen (3 x 10)
- **Schrägbankdrücken:** 3 x 10
- **Schulterdrücken im Sitzen:** 4 x 8
- **Kniebeugen:** 4 x 8

Tag B

- **Klimmzüge weit im Obergriff:** 3 x 10
  (Falls du noch keine Klimmzüge kannst, ersetze sie durch Latziehen)
- **Rudern auf der Schrägbank:** 3 x 10
- **Kreuzheben:** 4 x 8
- **Curls im Sitzen:** 3 x 10

Starting Strength

Häufigkeit: 3x pro Woche

Pausenzeiten zwischen Sätzen: 2 Minuten

Tag A

- **Kniebeugen**: 3 Sätze à 5 Wiederholungen
- **Bankdrücken**: 3 Sätze à 5 Wiederholungen
- **Kreuzheben**: 1 Satz à 5 Wiederholungen
- **Klimmzüge**: 3 Sätze à 5 Wiederholungen

Tag B

- **Kniebeugen**: 3 Sätze à 5 Wiederholungen
- **Schulterdrücken (Overhead Press)**: 3 Sätze à 5 Wiederholungen
- **Kreuzheben oder Power Cleans**: 1 Satz à 5 Wiederholungen (alternierend)
- **Bizepscurls**: 3 Sätze à 8 Wiederholungen

Ich empfehle, nachdem die Gelenke und Sehnen sich an erste Belastungen gewöhnt haben (6-12 Monate) und die Technik bzw. die Form von erfahrenen Trainern als „perfekt" deklariert werden kann, mit **Starting Strength** zu beginnen.

Das Ganze macht ihr so lange, wie ihr euch kontinuierlich steigern könnt. (Heißt wenn ihr 2–3 mal keine Steigerung erzielen konntet, seid ihr noch im Rahmen)

Steigerung (wenn volle Satzzahl und volle Wiederholungszahl geschafft):

	Männer	**Frauen, Senioren**
Erste 3-4 Wochen	Kreuzheben: + 7.5-10kg Kniebeugen: +5kg Bandrücken: + 2,5kg-5kg Schulterpresse: + 2,5kg-5kg Powerclean: + 2,5kg-5kg	Kreuzheben: + 2.5-5kg Kniebeugen: +2.5kg Bandrücken: + 1,25kg-2,5kg Schulterpresse: +1,25kg-2,5kg Powerclean: + 1,25kg-2,5kg
Folgende Wochen	obige Werte halbiert /oder jeden 2. Workout steigern	obige Werte halbiert/ oder jeden 2. Workout steigern

Ziele

Dein „Endziel" sollte es sein im oberen Ende der natürlichen fortgeschrittenen Kraftwerte bei ca. 10-12% Körperfett zu landen:

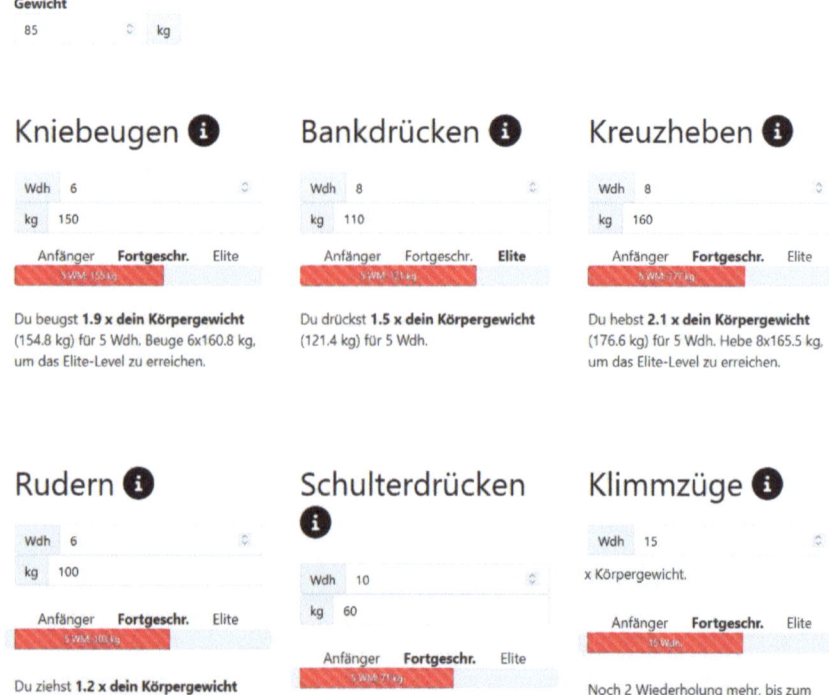

♂ Mann ♀ Frau

Gewicht

85   kg

Kniebeugen 🛈

Wdh   6

kg   150

Anfänger   **Fortgeschr.**   Elite

5 WM 155 kg

Du beugst **1.9 x dein Körpergewicht** (154.8 kg) für 5 Wdh. Beuge 6x160.8 kg, um das Elite-Level zu erreichen.

Bankdrücken 🛈

Wdh   8

kg   110

Anfänger   Fortgeschr.   **Elite**

5 WM 121 kg

Du drückst **1.5 x dein Körpergewicht** (121.4 kg) für 5 Wdh.

Kreuzheben 🛈

Wdh   8

kg   160

Anfänger   **Fortgeschr.**   Elite

5 WM 170 kg

Du hebst **2.1 x dein Körpergewicht** (176.6 kg) für 5 Wdh. Hebe 8x165.5 kg, um das Elite-Level zu erreichen.

Rudern 🛈

Wdh   6

kg   100

Anfänger   **Fortgeschr.**   Elite

5 WM 100 kg

Du ziehst **1.2 x dein Körpergewicht** (103.2 kg) für 5 Wdh. Ziehe 6x104.5 kg, um das Elite-Level zu erreichen.

Schulterdrücken 🛈

Wdh   10

kg   60

Anfänger   **Fortgeschr.**   Elite

5 WM 71 kg

Du drückst **0.9 x dein Körpergewicht** (71.1 kg) für 5 Wdh. Drücke 10x63.0 kg, um das Elite-Level zu erreichen.

Klimmzüge 🛈

Wdh   15

x Körpergewicht.

Anfänger   **Fortgeschr.**   Elite

15 Wdh.

Noch 2 Wiederholung mehr, bis zum Elite-Level.

Deine Kraftwerte kannst du mit folgendem Tool ausrechnen lassen:

https://science-fitness.de/kraftwerte

Deine Kraftwerte lügen nicht. Wenn du dich nach Jahren (3-10 Jahre) Trainings fragst, warum du noch keine Elite Kraftwerte erreicht hast, stimmt etwas mit deinem Training, deinem Schlaf und/oder deiner Ernährung nicht – **Punkt!**

Habt ihr, wie in der Einleitung des Kapitels besprochen, euer anfängliches Training so weit gemeistert, so könnt ihr gerne die folgenden Trainingspläne für euch ausprobieren.

Grundsätzliche gilt natürlich, dass man alle 8-12 Wochen den Trainingsplan wechseln sollte und in verschiedenen Wiederholungsbereichen usw. trainiert. Ich empfehle euch folgende Trainingspläne aufgeteilt nach gewissen persönlichen Fokussen, die ihr euch setzen könnt.

Plan 1: Der Testosteronbooster

Häufigkeit: 3x pro Woche

Pausenzeiten zwischen Sätzen: 1 Minute

RPT (Reverse Pyramid Training):
Diese Methode beginnt mit dem schwersten Satz, gefolgt von einer schrittweisen Gewichtsreduktion um 5-15 % in den folgenden Sätzen, um die Intensität hochzuhalten.

Beispiel für Reverse Pyramid Training:

- o Satz 1: 300 kg (schwerer Satz)

- o Satz 2: 270 kg (5-10 % Reduktion)

- o Satz 3: 240 kg (10-15 % Reduktion)

Erhöhung beim nächsten Mal:

- o Satz 1: 300 kg (schwerer Satz)
- o Satz 2: 270 kg (5-10 % Reduktion)
- o Satz 3: **245** kg (10-15 % Reduktion)

Erhöhung beim übernächsten Mal:

- o Satz 1: 300 kg (schwerer Satz)
- o Satz 2: **275** kg (5-10 % Reduktion)
- o Satz 3: 245 kg (10-15 % Reduktion)

Erhöhung beim überübernächsten Mal:

- o Satz 1: **305** kg (schwerer Satz)
- o Satz 2: 275 kg (5-10 % Reduktion)
- o Satz 3: 245 kg (10-15 % Reduktion)

Usw.

Isolationsübungen werden mit **Straight Sets** durchgeführt, bei denen das Gewicht gleich bleibt.

Tag A

- **Bankdrücken (RPT)**: 5, 6, 8 Wiederholungen
- **Überzüge auf der Flachbank**: 3 Sätze à 8 Wiederholungen
- **Dips (RPT)**: 5, 6, 8 Wiederholungen
- **Rudern auf der Schrägbank (Straight Sets)**: 12, 10, 8, 6 Wiederholungen

- **Wadenheben (RPT):** 5, 6, 8 Wiederholungen

- **Frontkniebeugen:** 3 Sätze à 8 Wiederholungen

- **Fliegende oder Butterflymaschine (Straight Sets):** 12, 10, 8, 6 Wiederholungen

- **Nackenheben/Shrugs (Straight Sets):** 12, 10, 8, 6 Wiederholungen

- **Hängendes Beinheben:** 3 Sätze à 12-15 Wiederholungen

- **Ab Rollouts mit Ab Wheel:** 3 Sätze à 12-15 Wiederholungen

---

Tag B

- **Klimmzüge im Untergriff (RPT):** 5, 6, 8 Wiederholungen

- **Schulterdrücken im Sitzen (RPT):** 5, 6, 8 Wiederholungen

- **Curls:** 3 Sätze à 8 Wiederholungen

- **Seitheben einarmig (Straight Sets):** 12, 10, 8, 6 Wiederholungen

- **Kniebeugen oder Beinpresse (RPT):** 5, 6, 8 Wiederholungen

- **Rumänisches Kreuzheben:** 3 Sätze à 8 Wiederholungen

- **Einbeinige Kniebeuge:** 3 Sätze à 3 Wiederholungen pro Bein

- **Nackenheben/Shrugs (Straight Sets)**: 12, 10, 8, 6 Wiederholungen

- **Beinheben**: 3 Sätze à 12-15 Wiederholungen

- **Bicycle Crunches**: 3 Sätze à 24-30 Wiederholungen

Tag C

- **Muscle-Ups**: So viele wie möglich, oder **explosive Pull-Ups und Dips**, bis Muscle-Ups gelingen

- **Sprints**: 7-10 Läufe à 100-200 Meter

Plan 2: Minimalistischer wissenschaftlich fundierter Trainingsplan (unter 40 Minuten)

Häufigkeit: 3x pro Woche

Pausenzeiten zwischen Sätzen: 1-2 Minuten

Beispiel für einen Dropsatz:

- **Erste Runde: 12 Wiederholungen mit 70 kg bis zum Muskelversagen**
- **Reduktion des Gewichts um 20-30 %**
- **Zweite Runde: So viele Wiederholungen wie möglich mit 50 kg (Dropsatz)**

Beispiel für Myo-Reps:

- **Erster Satz: 12-15 Wiederholungen bis zum Muskelversagen**
- **Pause: 10-15 Sekunden**

- **Myo-Sätze:** 3-5 Wiederholungen, wiederholt bis zum erneuten Muskelversagen (oft 3-5 Mini-Sätze)

Full Body – Tag 1

- **Flachbank Kurzhanteldrücken:** 1 Satz à 4-6 Wiederholungen (schwerer Top-Satz) + 1 Satz à 8-10 Wiederholungen (leichter Back-off-Satz)

- **Rumänisches Kreuzheben mit Kurzhanteln:** 2 Sätze à 8-10 Wiederholungen

- **Latziehen:** 2 Sätze à 10-12 Wiederholungen (1x Obergriff mittig + 1x Untergriff eng)

- **Bizeps-Curls:** 1 Satz à 10-12 Wiederholungen

- **Kurzhantel-Step-ups:** 1 Satz à 8-10 Wiederholungen pro Bein

  (wechsle das Bein erst nach allen Wiederholungen)

- **Überkopf-Kabel-Trizepsextensions:** 1 Satz à 12-15 Wiederholungen + Dropsatz bei 60-70 %

- **Maschinen-Seitheben:** 1 Satz à 12-15 Wiederholungen + Dropsatz bei 60-70 %

- **Wadenheben an der Beinpresse:** 1 Satz à 12-15 Wiederholungen + Dropsatz bei 60-70 %

Full Body – Tag 2

- **Hackenschmidt-Kniebeugen:** 1 Satz à 4-6 Wiederholungen (schwerer Top-Satz) + 1 Satz à 8-10 Wiederholungen (leichter Back-off-Satz)

- **Smith-Maschinen-Schulterdrücken mit hohem Winkel (45-60°):** 2 Sätze à 10-12 Wiederholungen
  30 Sekunden Pause, danach Supersatz:

- **T-Bar-Rudern mit 1x weitem und 1x engem Griff** oder **Brustgestütztes Rudern mit Kurzhanteln auf der Schrägbank:** 2 Sätze à 10-12 Wiederholungen

- **Sitzende Beinbeuger-Maschine:** 1 Satz à 10-12 Wiederholungen + Dropsatz bei 60-70 %

- **SZ-Stange Bizepscurls:** 1 Satz à 12-15 Wiederholungen + Myo-Reps (4 Wiederholungen pro Satz bis Muskelversagen)

- **Kabel-Crunches im Knien:** 1 Satz à 12-15 Wiederholungen + 2x Dropsätze bei 70 % und 40-50 %

Plan 3:
Economic Training

Economic Training von Stephan Deininger ist ein minimalistisches, aber äußerst effektives Trainingssystem, das mit nur **drei 25-40-minütigen Trainingseinheiten pro Woche** auskommt und herausragende Erfolge verspricht.

Der Fokus liegt dabei auf der **langsamen und kontrollierten Ausführung** jeder Übung, um die Muskulatur maximal zu beanspruchen und Verletzungen zu vermeiden. Die Wiederholungen folgen einer präzisen **Kadenz von 4/1 4/1**, was bedeutet: **4 Sekunden für die konzentrische Bewegung, 1 Sekunde statisches Halten, 4 Sekunden für die exzentrische Bewegung**, gefolgt von erneut **1 Sekunde Haltephase**.

Stephan Deininger ist ein **erfahrener Bodybuilder** und **ehemaliger Internationaler Deutscher Meister der Bodyfitnessklasse (DBVF/IFBB)**.

Sein beeindruckender Erfolg, mit einem **so geringen Trainingsvolumen einen Wettkampf zu gewinnen**, unterstreicht die Wirksamkeit seines Ansatzes. Sein Konzept richtet sich an Menschen, die **mit minimalem Zeitaufwand maximale Ergebnisse erzielen** möchten, ohne Kompromisse bei der Technik oder Sicherheit einzugehen.

ECT-Ganzkörper für Anfänger

1 Satz Latziehen am Turm

1 Satz Bankdrücken flach an der Maschine

1 Satz Rudermaschine

1 Satz Schulterpresse

1 Satz Bizepsmaschine

1 Satz Trizepsmaschine

1 Satz Beinpresse – *4 × 3-Methode (4 Sätze á 3 Wiederholungen Pro Bein)*

1 Satz Beinbeuger sitzend

1 Satz Bauchmaschine

1 Satz Rückenstrecken

Frequenz: 2–3 × die Woche

Trainingsdauer: 30–40 Minuten

Wiederholungen: 10 bis 12 pro Satz

Intensitätstechniken: Nein

ECT für Mittelstufe/Fortgeschritten

Die Trainingspläne Workout A und Workout B werden im Wechsel ausgeführt.

Workout A (Schwerpunkt Oberkörper)

1 Satz Klimmzüge an der Klimmzug-Dip-Maschine im Untergriff

1 Satz Kurzhantel-Bankdrücken flach

1 Satz Seal Rows mit Kurzhanteln

1 Satz Dips an der Klimmzug-Dip-Maschine

1 Satz Pullovermaschine

1 Satz Schulterpresse

1 Satz Kabelcurls am Turm im Untergriff

1 Satz Pushdowns mit Seil am Turm

1 Satz Kabelcurls am Turm im Untergriff

1 Satz Beinpresse – *4 × 3-Methode (4 Sätze á 3 Wiederholungen Pro Bein)*

Workout B (Schwerpunkt Unterkörper)

1 Satz Duale Beinpresse – *4 × 3-Methode (4 Sätze á 3 Wiederholungen Pro Bein)*

1 Satz Beinbeuger liegend

1 Satz Beinstrecken

1 Satz einbeiniges Wadenheben stehend mit Kurzhantel

1 Satz Rudermaschine

1 Satz Schrägbankdrücken an der Maschine

1 Satz Kurzhantel-Seitheben

1 Satz Kabelcurls am Turm im Untergriff

1 Satz Hyperextensionen

1 Satz Crunches

Frequenz: 2–3 × die Woche
Trainingsdauer: 30–35 Minuten
Wiederholungen: 6 bis 9 pro Satz
Intensitätstechniken: Ja

Intensitätstechniken

(sollten immer dann eingesetzt werden, wenn man ein Plateau erreicht, also sich nicht von Einheit zu Einheit steigern konnte)

- 10 Sekunden warten, dann +1 Wiederholung, 10 Sekunden warten +1 Wiederholung
- Gewicht in mittlerer Position 10 Sekunden halten

ECT Profi Plan

Die Trainingspläne Workout A, Workout B und Workout C werden abwechselnd trainiert.

Workout A (Schwerpunkt Brust & Arme)

1 Satz Bankdrückmaschine liegend
1 Satz Bizepsmaschine
1 Satz Butterflyvariante
1 Satz Seil-Kabelcurls am Turm im Hammergriff
1 Satz Pushdowns mit Seil am Turm
1 Satz Kabelcurls am Turm im Untergriff
1 Satz Dips an der Klimmzug-Dip-Maschine
1 Satz Rudermaschine
1 Satz Bulgarische Split Squats
1 Satz Seitheben

Workout B (Schwerpunkt Beine und Gesäß)

1 Satz Beinpresse – *3 × 3-Methode (3 Sätze á 3 Wiederholungen Pro Bein)*
1 Satz Beinbeuger sitzend
1 Satz Beinstrecken
1 Satz Wadenmaschine sitzend
1 Satz Latzugmaschine
1 Satz Kurzhantel-Bankdrücken flach
1 Satz Kurzhantel-Curls im Untergriff
1 Satz Kurzhantel-Schulterdrücken sitzend
1 Satz Duale Beinpresse
1 Satz Hyperextensionen

Workout C (Schwerpunkt Oberer Rücken & Schultern)

1 Satz Klimmzüge an der Klimmzug-Dip-Maschine im Untergriff
1 Satz Schulterpresse
1 Satz Seal Rows mit Kurzhanteln

1 Satz Kurzhantel-Seitheben
1 Satz Pullovermaschine
1 Satz Seitheben sitzend
1 Satz Seil-Kabelcurls am Turm im Hammergriff
1 Satz Dips an der Klimmzug-Dip-Maschine
1 Satz Sumo-Deadlift
1 Satz Crunches

Frequenz: 3 × die Woche
Trainingsdauer: 25–30 Minuten
Wiederholungen: 4 bis 7 pro Satz
Intensitätstechniken: Ja

1. „Selbstbetrachtungen" – von Marcus Aurelius

1. „Lebe im Einklang mit der Natur und dem Kosmos"

- Alles, was geschieht, gehört zum natürlichen Ablauf der Weltordnung. Akzeptiere das Schicksal (Amor Fati).

- **To-Do:** Übe dich in Akzeptanz gegenüber Dingen, die außerhalb deiner Kontrolle liegen.

2. Kontrolle über Geist und Gedanken

- Du kannst nicht kontrollieren, was außerhalb deiner Kontrolle liegt, aber du kannst deine Reaktion darauf steuern.

- Vermeide negative Emotionen wie Wut, Neid und Ärger.

- **Technik:** Übe dich in Achtsamkeit, um Gedankenmuster zu erkennen und bewusst zu lenken.

3. Gegenwärtiger Moment

- Die Gegenwart ist das Einzige, was du besitzt. Lass dich nicht von der Vergangenheit oder Zukunft belasten.

- **Zitat:** „Verlier dich nicht in deinen Vorstellungen von der Zukunft."

- **To-Do:** Konzentriere dich auf das Hier und Jetzt, beispielsweise durch Atemübungen oder Meditation.

4. Tugendhaftes Leben

- Tugend ist das höchste Gut. Dazu zählen Weisheit, Mut, Gerechtigkeit und Mäßigung.

- **To-Do:** Reflektiere täglich: Hast du tugendhaft gehandelt? Wo kannst du dich verbessern?

5. Umgang mit anderen Menschen

- Sei tolerant gegenüber den Fehlern anderer; sie handeln nach ihrer Natur und ihrem Wissen.

- **Zitat:** „Es ist töricht, sich über die Fehler anderer zu ärgern, die man selbst oft begeht."

- **To-Do:** Entwickle Empathie und übe dich in Geduld, auch mit schwierigen Personen.

6. Vergänglichkeit und Tod

- Alles ist vergänglich: Besitztümer, Ruhm, Leid und sogar das Leben selbst.

- **Technik:** Reflektiere über den Tod (Memento Mori), um dir bewusst zu machen, was wirklich zählt.

- **To-Do:** Mache dir klar, dass jeder Moment wertvoll ist.

7. Selbstdisziplin und Bescheidenheit

- Sei nicht abhängig von äußeren Dingen oder Meinungen anderer.

- **Technik:** Übe Askese, um dich von überflüssigen Bedürfnissen zu lösen.

- **To-Do:** Stelle dir regelmäßig die Frage: „Brauche ich das wirklich?"

8. Universelle Verbundenheit

- Alles im Universum ist miteinander verbunden; du bist ein kleiner Teil des Ganzen.

- **Zitat:** „Was gut für das Ganze ist, ist auch gut für den Einzelnen.“

- **To-Do:** Handle im Interesse des Gemeinwohls, nicht nur zu deinem eigenen Vorteil.

9. Rationalität und Logik

- Nutze deinen Verstand, um Klarheit zu gewinnen und Emotionen nicht überhandnehmen zu lassen.

- **To-Do:** Analysiere Situationen nüchtern und frage dich: „Ist das wirklich so schlimm?“

10. Selbsterkenntnis

- Prüfe dein Handeln und deine Werte ständig. Strebe danach, eine bessere Version deiner selbst zu werden.

- **To-Do:** Reflektiere deine Fortschritte und Gedanken.

2. "Die Wissenschaft des Gesundseins" – von Wallace D. Wattles

1. Gesundheit ist ein natürlicher Zustand

- Der Körper ist von Natur aus dazu geschaffen, gesund zu sein, wenn er die richtigen Bedingungen hat.

- **Zitat:** „Das Prinzip des Lebens in uns strebt immer nach Gesundheit."

- **To-Do:** Vertraue darauf, dass dein Körper Heilung und Gesundheit anstrebt, wenn du ihm dabei hilfst.

2. Mentale Einstellung und Glaube

- Gesundheit beginnt im Geist: Deine Überzeugungen und Gedanken beeinflussen deinen Körper.

- **Technik:** Halte einen festen Glauben an deine eigene Gesundheit aufrecht. Zweifel blockieren Heilung.

- **To-Do:** Visualisiere dich selbst als vollkommen gesund und vital.

3. Richtiges Denken

- Denke nicht an Krankheit; richte deinen Fokus ausschließlich auf Gesundheit.

- **Zitat:** „Du kannst dich nicht auf Gesundheit konzentrieren, wenn du ständig über Krankheit nachdenkst."

- **To-Do:** Verbanne negative Gedanken über Krankheit. Ersetze sie durch positive Überzeugungen.

4. Richtiges Essen

- Essen sollte bewusst und mit Dankbarkeit erfolgen. Der Körper braucht Nahrung in Maßen und von guter Qualität.

- **Technik:** Iss nur, wenn du hungrig bist, und höre auf, wenn du satt bist. Wähle natürliche und einfache Lebensmittel.

- **To-Do:** Entwickle eine regelmäßige Essroutine und höre auf die Signale deines Körpers.

5. Die Rolle der Atmung

- Sauerstoff ist essenziell für die Gesundheit. Tiefe, bewusste Atmung fördert Heilung.

- **Technik:** Atme tief und bewusst, um deinen Körper optimal mit Sauerstoff zu versorgen.

- **To-Do:** Praktiziere Atemübungen, vor allem an der frischen Luft.

6. Ruhe und Erholung

- Der Körper braucht regelmäßige Erholung, um sich zu regenerieren.

- **To-Do:** Achte auf ausreichenden Schlaf und entspanne bewusst, um Stress abzubauen.

7. Zusammenarbeit mit dem Körper

- Dein Körper arbeitet immer für dich, nicht gegen dich. Höre auf seine Signale.

- **To-Do:** Reagiere auf Müdigkeit, Hunger und Unwohlsein mit unterstützenden Maßnahmen wie Ruhe, Ernährung oder Bewegung.

8. Die Macht der Dankbarkeit

- Dankbarkeit für deine Gesundheit – selbst, bevor sie vollständig da ist – verstärkt die Heilung.

- **Technik:** Dankbarkeitsübungen, z. B. schreibe jeden Tag drei Dinge auf, für die du deinem Körper dankbar bist.

- **To-Do:** Sei dankbar für deinen Körper und seine Fähigkeit, sich selbst zu heilen.

9. Harmonie mit dem Universum

- Gesundheit entsteht durch Einklang mit den natürlichen Gesetzen des Lebens und Universums.

- **To-Do:** Lebe bewusst im Einklang mit diesen Gesetzen, indem du auf dich und deine Umgebung achtest.

10. Vermeide Überanstrengung

- Überanstrengung – körperlich oder geistig – behindert den Heilungsprozess.

- **To-Do:** Arbeite in einem moderaten Tempo, das deinem Körper angemessen ist. Plane Pausen ein.

3. „Walden"
– von Henry David Thoreau

1. Einfachheit als Lebensprinzip

- Ein einfaches Leben führt zu Klarheit und Zufriedenheit.

- **Zitat:** „Unsere Leben werden durch Details verschwendet. Vereinfacht, vereinfacht!"

- **To-Do:** Reduziere Besitztümer, Verpflichtungen und Ablenkungen auf das Wesentliche.

2. Verbindung zur Natur

- Die Natur bietet Ruhe, Inspiration und Einsicht in das Leben.

- **Zitat:** „Ich ging in die Wälder, um bewusst zu leben."

- **To-Do:** Verbringe regelmäßig Zeit in der Natur, beobachte bewusst und finde Inspiration in ihrer Schönheit.

3. Selbstständigkeit und Unabhängigkeit

- Verlasse dich auf deine eigenen Fähigkeiten und Ressourcen.

- **Technik:** Baue Fähigkeiten wie Gartenarbeit, Handwerk und Selbstversorgung auf.

- **To-Do:** Strebe nach Selbstgenügsamkeit und meide überflüssige Abhängigkeiten.

4. Achtsames Leben

- Sei präsent in jedem Moment und genieße das Leben bewusst.

- **Zitat:** „Es gibt keinen Wert im rastlosen Streben, das uns von der Gegenwart ablenkt."

- **To-Do:** Übe Achtsamkeit, indem du dich auf einfache Handlungen wie Gehen, Schreiben oder Beobachten konzentrierst.

5. Kritik am Materialismus

- Besitz und Luxus führen nicht zu wahrem Glück oder Freiheit.

- **Zitat:** „Der Mensch ist reich in dem Maß, in dem er sich die Dinge leisten kann, die er nicht braucht."

- **To-Do:** Hinterfrage deine materiellen Bedürfnisse und konzentriere dich auf immaterielle Werte wie Zeit, Kreativität und Beziehungen.

6. Intellektuelle und spirituelle Selbstentwicklung

- Nutze die Zeit für Lesen, Schreiben, Nachdenken und persönliches Wachstum.

- **Technik:** Führe ein Tagebuch, um deine Gedanken zu ordnen und deine Entwicklung zu dokumentieren.

- **To-Do:** Widme täglich Zeit der Selbstreflexion und Bildung.

7. Freiheit durch Einfachheit

- Ein einfaches Leben erlaubt es dir, frei zu denken und zu handeln.

- **To-Do:** Gestalte deinen Alltag so, dass du Raum für Kreativität und Unabhängigkeit hast.

8. Das Leben als Experiment

- Probiere aus, wie du leben willst, und lerne aus deinen Erfahrungen.

- **Zitat:** „Ich wollte nicht sterben, ohne gelebt zu haben."

- **To-Do:** Stelle Konventionen in Frage und finde deinen eigenen Weg, unabhängig von gesellschaftlichen Erwartungen.

9. Bedeutung der Einsamkeit

- Einsamkeit ist eine Quelle für Klarheit und innere Stärke.

- **Zitat:** „Ich war nie weniger allein als allein."

- **To-Do:** Plane Zeit für dich selbst ein, um deine Gedanken zu ordnen und inneren Frieden zu finden.

10. Zeit als wertvollstes Gut

- Lebe bewusst, um die Zeit, die du hast, sinnvoll zu nutzen.

- **To-Do:** Vermeide unnötige Beschäftigungen und priorisiere Aktivitäten, die deinem Leben Bedeutung verleihen.

4. „Wie man Freunde gewinnt"
– von Dale Carnegie

1. Interesse an anderen Menschen zeigen

- Menschen sprechen gern über sich selbst. Interesse an ihnen zu zeigen, schafft Sympathie.

- **Zitat:** „Du kannst in zwei Monaten mehr Freunde gewinnen, indem du dich für andere interessierst, als in zwei Jahren, indem du versuchst, andere für dich zu interessieren."

- **To-Do:** Stelle offene Fragen, höre aktiv zu und erinnere dich an Details über andere.

2. Namen merken

- Der Name einer Person ist das schönste Wort in ihrer Sprache.

- **Technik:** Wiederhole den Namen im Gespräch und verknüpfe ihn mit einem Bild oder einer Assoziation.

- **To-Do:** Übe das bewusste Merken von Namen, um Menschen das Gefühl zu geben, geschätzt zu werden.

3. Lächeln

- Ein Lächeln ist ein einfaches, aber kraftvolles Werkzeug, um eine positive Atmosphäre zu schaffen.

- **To-Do:** Gewöhne dir an, freundlich zu lächeln, besonders bei Begrüßungen.

4. Ehrliches Lob und Anerkennung

- Menschen lieben es, geschätzt zu werden. Ehrliches Lob stärkt Beziehungen.

- **Technik:** Suche nach echten, spezifischen Gründen, jemandem ein Kompliment zu machen.

- **To-Do:** Biete regelmäßig ehrliche Anerkennung an, ohne zu übertreiben.

5. Vermeide Kritik, Beschuldigungen und Klagen

- Kritik führt oft zu Verteidigung und beschädigt Beziehungen.

- **Zitat:** „Jeder Narr kann kritisieren, verurteilen und sich beschweren – und die meisten Narren tun es."

- **To-Do:** Formuliere Feedback als Vorschläge oder Beobachtungen, nicht als Vorwürfe.

6. Sei ein guter Zuhörer

- Menschen fühlen sich geschätzt, wenn sie sich gehört fühlen.

- **Technik:** Halte Augenkontakt, nicke und wiederhole Schlüsselwörter oder Phrasen.

- **To-Do:** Übe aktives Zuhören und vermeide es, Gespräche auf dich selbst zu lenken.

7. Rede über die Interessen anderer

- Finde heraus, was andere begeistert, und sprich darüber.

- **To-Do:** Frage nach den Hobbys, Leidenschaften oder Zielen anderer und zeige echtes Interesse.

8. Lass andere sich wichtig fühlen

- Menschen mögen das Gefühl, geschätzt und respektiert zu werden.

- **Technik:** Finde Möglichkeiten, die Bedeutung oder den Wert der Person hervorzuheben.

- **To-Do:** Nutze Sätze wie „Ich schätze Ihre Meinung" oder „Ohne Sie wäre das nicht möglich gewesen."

9. Fehler zugeben

- Wenn du einen Fehler machst, gib ihn zu und übernimm Verantwortung.

- **Zitat:** „Wenn du im Unrecht bist, gib es schnell und freimütig zu."

- **To-Do:** Sei offen und ehrlich, wenn du Fehler machst, und suche nach Lösungen.

10. Menschen motivieren, indem du ihre Perspektive verstehst

- Um andere zu überzeugen, sprich über das, was sie wollen, nicht über das, was du willst.

- **Technik:** Stelle dir die Frage: „Wie profitiert die andere Person davon?"

- **To-Do:** Präsentiere Ideen oder Vorschläge so, dass sie auf die Wünsche und Ziele der anderen Person eingehen.

11. Konflikte vermeiden

- Gewinne Diskussionen, indem du Konfrontationen meidest und Gemeinsamkeiten betonst.

- **Technik:** Finde Punkte, denen du zustimmen kannst, bevor du deine Perspektive erklärst.

- **To-Do:** Formuliere Kritik oder Gegenvorschläge sanft und respektvoll.

12. Menschen dazu bringen, Ideen als ihre eigenen anzunehmen

- Lass Menschen glauben, dass die Idee von ihnen selbst kommt.

- **Technik:** Stelle Fragen oder lenke das Gespräch in eine Richtung, die zu deiner Idee führt.

- **To-Do:** Sage z. B.: „Wie würden Sie das angehen?" statt direkt deinen Plan vorzuschlagen.

13. Appelliere an edle Motive

- Menschen handeln oft aus einem Wunsch nach Ansehen, Fairness oder Gerechtigkeit.

- **To-Do:** Zeige, wie eine Handlung oder Entscheidung mit höheren Werten in Einklang steht.

5. „Die Kunst des Krieges" - von Sun Tzu

1. Strategie vor Kampf

- Der beste Sieg ist der, der ohne Kampf errungen wird.

- **Zitat:** „Der klügste Krieger ist derjenige, der den Kampf vermeidet."

- **To-Do:** Plane sorgfältig und vermeide Konfrontationen, wenn sie nicht notwendig sind.

2. Kenne dich selbst und deinen Gegner

- Erfolg entsteht durch tiefes Verständnis von sich selbst, dem Gegner und den Umständen.

- **Zitat:** „Wenn du den Feind und dich selbst kennst, brauchst du den Ausgang von hundert Schlachten nicht zu fürchten."

- **To-Do:** Analysiere Stärken, Schwächen und Motive aller Beteiligten, bevor du handelst.

3. Flexibilität und Anpassungsfähigkeit

- Starre Pläne führen zu Niederlagen. Passe dich an sich verändernde Umstände an.

- **Zitat:** „Unbesiegbarkeit liegt in der Verteidigung; die Möglichkeit des Sieges im Angriff."

- **To-Do:** Behalte Alternativen im Kopf und sei bereit, deine Strategie zu ändern, wenn nötig.

4. Die Bedeutung der Vorbereitung

- Siege werden durch Vorbereitung gewonnen, nicht im Moment der Schlacht.

- **Zitat:** „Jeder Kampf wird gewonnen, bevor er ausgetragen wird."

- **To-Do:** Investiere Zeit in Vorbereitung und Forschung, um Überraschungen zu vermeiden.

5. Nutzen von Terrain und Timing

- Das Terrain und der Zeitpunkt eines Angriffs sind entscheidend.

- **Technik:** Nutze natürliche Vorteile wie Positionen, Wetter und Timing zu deinem Vorteil.

- **To-Do:** Analysiere die Umgebung und wähle strategische Momente und Orte für deine Aktionen.

6. Täuschung und Irreführung

- Täuschung ist ein Schlüssel zum Erfolg, um den Gegner aus dem Gleichgewicht zu bringen.

- **Zitat:** „Wenn du stark bist, zeige Schwäche; wenn du schwach bist, zeige Stärke."

- **To-Do:** Verberge deine Absichten und setze gezielt Fehlinformationen ein, um deine Ziele zu erreichen.

7. Ressourcen und Moral

- Ein erschöpftes Heer verliert. Halte Ressourcen und die Moral deiner Leute hoch.

- **Zitat:** „Halte dein Volk gesund und deine Feinde müde."

- **To-Do:** Achte darauf, dass deine Energie, Ressourcen und Motivation nachhaltig bleiben.

8. Schnelles Handeln

- Gelegenheiten müssen sofort genutzt werden. Zögern kann zum Verlust von Vorteilen führen.

- **Zitat:** „Geschwindigkeit ist der Schlüssel zum Sieg."

- **To-Do:** Sei bereit, entschlossen zu handeln, sobald die Umstände günstig sind.

9. Teile und herrsche

- Spalte die Kräfte deines Gegners und halte deine eigenen konzentriert.

- **Technik:** Lenke den Gegner ab, isoliere seine Stärken und greife seine Schwächen an.

- **To-Do:** Suche nach Möglichkeiten, gegnerische Koalitionen oder Ressourcen zu schwächen.

10. Die Rolle der Führung

- Ein guter Anführer inspiriert, führt mit Disziplin und sorgt für Vertrauen.

- **Zitat:** „Ein Anführer ist die Essenz eines Heeres."

- **To-Do:** Führe mit Klarheit, Integrität und Zielstrebigkeit, um das Vertrauen deines Teams zu gewinnen.

11. Vermeide Übermüdung

- Selbst eine starke Armee kann durch Überanstrengung geschwächt werden.

- **To-Do:** Plane Pausen und vermeide es, Ressourcen oder Kräfte zu erschöpfen.

12. Risiko und Vorsicht

- Übermäßiges Risiko führt zu Niederlagen, aber völlige Vorsicht verhindert Fortschritt.

- **Zitat:** „Wage nur Kämpfe, die du gewinnen kannst."

- **To-Do:** Wäge die Risiken sorgfältig ab und greife nur an, wenn die Chancen zu deinen Gunsten stehen.

13. Wissen ist Macht

- Informationen und Spionage sind entscheidend, um Überraschungen zu vermeiden und vorbereitet zu sein.

- **Technik:** Nutze Netzwerke und Wissen, um den Gegner zu studieren und seine Bewegungen vorherzusehen.

- **To-Do:** Baue zuverlässige Informationsquellen auf und analysiere sie regelmäßig.

6. „Denke nach und werde reich"
- von Napoleon Hill

1. Der brennende Wunsch (Definiteness of Purpose)

- Erfolg beginnt mit einem klar definierten, intensiven Wunsch.

- **Zitat:** „Ein Wunsch ist der Anfang aller Errungenschaften."

- **Technik:** Formuliere einen klaren und konkreten Wunsch, z. B. ein finanzielles Ziel, und visualisiere es täglich.

- **To-Do:** Schreibe deinen Wunsch auf und lies ihn jeden Morgen und Abend laut vor.

2. Glaube (Faith)

- Glaube an deine Fähigkeit, dein Ziel zu erreichen, ist essenziell.

- **Technik:** Positive Affirmationen stärken deinen Glauben an dich selbst.

- **To-Do:** Wiederhole täglich Affirmationen wie „Ich bin in der Lage, mein Ziel zu erreichen" und visualisiere deinen Erfolg.

3. Autosuggestion

- Dein Unterbewusstsein beeinflusst deine Realität. Nutze gezielte Affirmationen und Gedanken, um es zu formen.

- **Technik:** Wiederhole Sätze und Gedanken, die mit deinem Ziel übereinstimmen, bis sie dein Unterbewusstsein prägen.

- **To-Do:** Erstelle eine Affirmation für dein Ziel und wiederhole sie regelmäßig in einem entspannten Zustand.

4. Spezielles Wissen (Specialized Knowledge)

- Allgemeinbildung reicht nicht aus; spezialisiertes Wissen ist der Schlüssel.

- **Technik:** Lerne kontinuierlich und baue dein Fachwissen in deinem gewünschten Bereich aus.

- **To-Do:** Lies Bücher, besuche Kurse und suche Mentoren, um dein Wissen zu vertiefen.

5. Imagination

- Deine Vorstellungskraft ist der Werkzeugkasten für Erfolg. Nutze sie, um Ideen und Pläne zu entwickeln.

- **Technik:** Visualisiere regelmäßig dein Ziel und die Schritte, die zu seiner Erreichung führen.

- **To-Do:** Nimm dir Zeit, um jeden Tag kreative Lösungen oder Strategien zu erarbeiten.

6. Organisierter Plan (Organized Planning)

- Erfolg erfordert detaillierte Planung und entschlossenes Handeln.

- **Technik:** Erstelle einen Aktionsplan mit klaren, messbaren Schritten.

- **To-Do:** Plane deinen Tag oder deine Woche im Voraus und überprüfe regelmäßig deinen Fortschritt.

7. Entscheidungskraft (Decision)

- Unentschlossenheit ist ein Feind des Erfolgs. Schnell und sicher zu entscheiden, ist entscheidend.

- **Zitat:** „Erfolgreiche Menschen treffen Entscheidungen schnell und ändern sie selten."

- **To-Do:** Übe dich darin, klare Entscheidungen zu treffen und dabei zu bleiben.

8. Beharrlichkeit

- Ausdauer ist der Schlüssel, um Hindernisse zu überwinden und langfristig erfolgreich zu sein.

- **Technik:** Erinnere dich bei Rückschlägen an dein „Warum" und deinen brennenden Wunsch.

- **To-Do:** Gib bei Schwierigkeiten nicht auf, sondern betrachte sie als Lernmöglichkeiten.

9. Mastermind-Gruppe

- Zusammenarbeit mit Gleichgesinnten fördert Ideen und Erfolg.

- **Zitat:** „Niemand kann großen Erfolg alleine erreichen."

- **To-Do:** Suche nach einer Gruppe oder einem Mentor, der dich unterstützt, und teile dein Wissen und deine Ziele.

10. Kontrolle des Unterbewusstseins

- Dein Unterbewusstsein beeinflusst deine Handlungen. Füttere es mit positiven Gedanken.

- **Technik:** Nutze Meditation oder Affirmationen, um dein Unterbewusstsein zu steuern.

- **To-Do:** Visualisiere vor dem Schlafengehen deinen Erfolg und fülle deinen Geist mit positiven Bildern.

11. Das Gehirn als Sender und Empfänger

- Dein Gehirn ist ein Kommunikationsinstrument, das Ideen und Gedanken „senden" und „empfangen" kann.

- **Technik:** Sei offen für Inspiration und neue Ideen, die durch positive Gedanken angezogen werden.

- **To-Do:** Schaffe eine ruhige Umgebung, um kreative Impulse wahrzunehmen.

12. Die Rolle des Glaubens und der Sexualkraft

- Emotionale Energie, einschließlich Sexualkraft, kann in kreative Energie umgewandelt werden.

- **To-Do:** Kanalisiere starke Emotionen in kreative und produktive Tätigkeiten.

13. Angst überwinden

- Angst ist der größte Feind des Erfolgs. Sie muss überwunden werden.

- **Technik:** Identifiziere deine Ängste (z. B. Versagensangst) und entwickle Strategien, um sie zu bekämpfen.

- **To-Do:** Fokussiere dich auf positive Ergebnisse und vermeide negative Einflüsse, die Angst fördern.

7. „Krieg und Frieden"
- von Leo Tolstoi

1. Die Komplexität des Lebens

- Das Leben besteht aus einer Vielzahl von Konflikten, Freuden und Herausforderungen, die miteinander verflochten sind.

- **Zitat:** „Alles im Leben ist durch unsichtbare Fäden verbunden."

- **To-Do:** Akzeptiere die Unberechenbarkeit des Lebens und konzentriere dich darauf, in jedem Moment präsent zu sein.

2. Die Bedeutung der Beziehungen

- Familie, Freundschaften und Liebe sind zentrale Themen, die sowohl Freude als auch Konflikt bringen können.

- **Technik:** Investiere in Beziehungen, aber erkenne auch deren Grenzen.

- **To-Do:** Pflege deine Beziehungen, indem du Zeit und Aufmerksamkeit in sie investierst, ohne Erwartungen aufzuzwingen.

3. Historische und persönliche Perspektiven

- Die Geschichte wird durch das Zusammenspiel individueller Handlungen und größerer Kräfte geformt.

- **Zitat:** „Es sind nicht nur große Männer, die die Geschichte formen, sondern Millionen kleiner Entscheidungen."

- **To-Do:** Reflektiere über deinen Einfluss auf dein Umfeld und erkenne, wie auch kleine Handlungen große Veränderungen bewirken können.

4. Selbstreflexion und persönliches Wachstum

- Viele Charaktere durchlaufen intensive Phasen der Selbstreflexion und suchen nach Sinn und Erfüllung.

- **Technik:** Schreibe Tagebuch oder meditiere, um deine Werte und Ziele zu klären.

- **To-Do:** Nimm dir regelmäßig Zeit, um über deine Entscheidungen und deine Entwicklung nachzudenken.

5. Die Unvermeidlichkeit des Wandels

- Krieg und Frieden zeigen, wie unaufhaltsam Veränderung ist, sowohl in der Geschichte als auch im persönlichen Leben.

- **Zitat:** „Nichts bleibt, wie es ist. Alles verändert sich."

- **To-Do:** Sei offen für Veränderungen und betrachte sie als Chancen, nicht als Hindernisse.

6. Die Natur des Krieges

- Krieg ist chaotisch und oft sinnlos, aber auch ein Spiegelbild menschlicher Ambitionen und Schwächen.

- **To-Do:** Betrachte Konflikte in deinem eigenen Leben kritisch und suche nach friedlichen Lösungen, anstatt unnötige Auseinandersetzungen zu provozieren.

7. Die Suche nach einem sinnvollen Leben

- Viele Charaktere suchen nach dem „Warum" hinter ihren Handlungen, ihren Pflichten und ihrem Glück.

- **Technik:** Frage dich: „Was ist mein höchstes Gut? Was bringt mir Erfüllung?"

- **To-Do:** Setze dir Ziele, die deinen inneren Werten entsprechen, anstatt externen Erwartungen gerecht zu werden.

8. Die Kraft der Vergebung

- Vergebung ist ein wiederkehrendes Thema und eine Möglichkeit, inneren Frieden zu finden.

- **Zitat:** „Nur durch Vergebung kann man wirklich frei werden."

- **To-Do:** Lasse alte Groll und Konflikte los, indem du anderen und dir selbst vergibst.

9. Die Illusion der Kontrolle

- Tolstoy zeigt, wie wenig Kontrolle einzelne Menschen oft über die größeren Ereignisse in ihrem Leben haben.

- **Technik:** Konzentriere dich auf das, was du beeinflussen kannst, und lasse los, was außerhalb deiner Kontrolle liegt.

- **To-Do:** Praktiziere Gelassenheit, indem du deine Energie auf Bereiche lenkst, die du tatsächlich gestalten kannst.

10. Spiritualität und Sinn

- Spiritualität spielt eine zentrale Rolle, besonders in der Entwicklung von Pierre und anderen Charakteren.

- **Technik:** Suche nach spirituellen Praktiken, die dir helfen, innere Ruhe und Klarheit zu finden.

- **To-Do:** Meditiere, bete oder verbringe Zeit in der Natur, um deine Verbindung zum größeren Ganzen zu stärken.

11. Das Zusammenspiel von Pflicht und Freiheit

- Charaktere ringen oft mit der Balance zwischen gesellschaftlichen Erwartungen und persönlicher Freiheit.

- **To-Do:** Reflektiere, wo du dich an äußere Pflichten gebunden fühlst, und finde Wege, deine persönliche Freiheit zu bewahren.

12. Die Rolle des Schicksals

- Tolstoy thematisiert, wie Schicksal und Zufall das Leben beeinflussen und wie wenig manchmal wirklich planbar ist.

- **Zitat:** „Das Leben ist, was passiert, während wir Pläne machen."

- **To-Do:** Akzeptiere das Unvorhersehbare und sei flexibel, um darauf zu reagieren.

8. „Modern Money Mechanics"
- von der Federal Reserve Bank of Chicago

1. Das Konzept des Fractional-Reserve-Bankings

- Banken halten nur einen Bruchteil der Einlagen als Reserve und verleihen den Rest, wodurch neues Geld geschaffen wird.

- **Zitat:** „Die Banken schaffen Geld, indem sie Kredite gewähren."

- **To-Do:** Verstehe, wie das Bankensystem funktioniert, um fundierte finanzielle Entscheidungen zu treffen.

2. Geldschöpfung durch Kreditvergabe

- Wenn Banken Kredite vergeben, entsteht neues Geld im Umlauf.

- **Technik:** Das Geldangebot steigt durch Multiplikation: Eine Einzahlung wird mehrfach verliehen.

- **To-Do:** Sei dir bewusst, wie Kredite und Zinsen deine finanziellen Möglichkeiten beeinflussen.

3. Die Rolle der Reserven

- Die Mindestreserveanforderung bestimmt, wie viel Geld eine Bank verleihen kann.

- **Beispiel:** Bei einer Reserveanforderung von 10 % kann eine Einzahlung von 1.000 $ bis zu 9.000 $ neues Geld schaffen.

- **To-Do:** Beachte die Rolle der Zentralbank in der Regulierung der Geldschöpfung.

4. Die Bedeutung der Zentralbank (Federal Reserve)

- Die Zentralbank steuert das Bankensystem durch Geldpolitik, z. B. durch die Anpassung von Zinssätzen und Mindestreserveanforderungen.

- **Zitat:** „Die Zentralbank hat die Aufgabe, Stabilität im Finanzsystem zu gewährleisten."

- **To-Do:** Beobachte geldpolitische Maßnahmen, da sie direkte Auswirkungen auf Inflation, Kredite und Investitionen haben.

5. Inflation und Geldmenge

- Die Erhöhung der Geldmenge kann zu Inflation führen, wenn sie schneller wächst als die Produktion von Gütern und Dienstleistungen.

- **Technik:** Überwache Indikatoren wie die Geldbasis und Inflationsraten.

- **To-Do:** Vermeide Investitionen, die von unkontrollierter Inflation entwertet werden können.

6. Der Multiplikatoreffekt

- Der Geldmultiplikator beschreibt, wie Einlagen durch Kreditvergabe vervielfacht werden.

- **Formel:** Multiplikator = 1 / Reserveanforderung (z. B. 10 % Reserve -> Multiplikator = 10).

- **To-Do:** Verstehe, wie Banken Einlagen und Kredite managen, um wirtschaftliche Zyklen zu antizipieren.

7. Die Bedeutung von Vertrauen

- Das System funktioniert nur, solange das Vertrauen in die Banken und das Geldsystem besteht.

- **Zitat:** „Geld basiert auf Vertrauen, nicht auf einem intrinsischen Wert."

- **To-Do:** Diversifiziere deine Anlagen, um Risiken durch potenziellen Vertrauensverlust zu minimieren.

8. Schulden als Treiber des Wirtschaftssystems

- Schulden treiben Konsum und Investitionen an, sind aber auch eine potenzielle Quelle von Instabilität.

- **Technik:** Analysiere das Verhältnis von Schulden zum Bruttoinlandsprodukt (BIP) als Indikator für finanzielle Gesundheit.

- **To-Do:** Nutze Kredite strategisch und vermeide übermäßige Verschuldung.

9. Die Wechselwirkung von Geld und Wirtschaft

- Die Geldschöpfung durch Kredite hat direkten Einfluss auf wirtschaftliche Aktivität und Wachstum.

- **To-Do:** Achte auf Veränderungen im Kreditmarkt, da sie Hinweise auf kommende wirtschaftliche Trends geben.

10. Begrenzungen des Systems

- Das Fractional-Reserve-System ist anfällig für Bank-Runs, wenn Kunden das Vertrauen verlieren und ihre Einlagen gleichzeitig abheben.

- **Technik:** Die Zentralbank greift ein, um Liquidität bereitzustellen und das System zu stabilisieren.

- **To-Do:** Bewahre finanzielle Flexibilität, um in unsicheren Zeiten schnell reagieren zu können.

11. Zinssätze und ihre Auswirkungen

- Zinssätze sind ein zentrales Werkzeug der Zentralbank, um die Wirtschaft zu steuern.

- **Technik:** Niedrige Zinsen fördern Kreditaufnahme und Ausgaben, während hohe Zinsen das Gegenteil bewirken.

- **To-Do:** Verfolge Zinsentscheidungen und passe deine Spar- und Investitionsstrategien entsprechend an.

12. Kritische Perspektiven

- Kritiker argumentieren, dass das System Schulden und Ungleichheit fördert.

- **Zitat:** „Wer das Geld kontrolliert, kontrolliert die Wirtschaft."

- **To-Do:** Hinterfrage die Mechanismen des Systems und suche nach Alternativen wie dezentralisierten Finanzsystemen (z. B. Kryptowährungen).

9. „Grashalme"
- von Walt Whitman

1. Feier des Individuums

- Whitman betont die Einzigartigkeit jedes Individuums und dessen Verbindung zum Universum.

- **Zitat:** „Ich singe das Lied von mir selbst."

- **To-Do:** Akzeptiere deine Einzigartigkeit und entwickle Selbstliebe, ohne dich mit anderen zu vergleichen.

2. Verbindung zur Natur

- Die Natur wird als Spiegel des menschlichen Geistes dargestellt – ein Ort der Heilung und Inspiration.

- **Zitat:** „Ich glaube, ein Grashalm ist genauso groß wie die Reise der Sterne."

- **To-Do:** Verbringe Zeit in der Natur, um deinen Geist zu beruhigen und dich mit der Welt um dich herum zu verbinden.

3. Universelle Einheit

- Alles Leben ist miteinander verbunden; Menschen, Natur und das Universum sind ein harmonisches Ganzes.

- **Technik:** Praktiziere Achtsamkeit, um die Verbundenheit mit allem Lebendigen zu spüren.

- **To-Do:** Suche in deinem Alltag Momente, in denen du dich mit anderen und deiner Umgebung verbunden fühlst.

4. Freiheit und Demokratie

- Whitman preist Freiheit und Demokratie als fundamentale Prinzipien menschlicher Existenz.

- **Zitat:** „Die Vereinigten Staaten sind das großartige Gedicht."

- **To-Do:** Sei ein aktiver Teil deiner Gemeinschaft, indem du dich für Gleichheit und Gerechtigkeit einsetzt.

5. Körper und Seele im Einklang

- Der menschliche Körper wird als heilig und wunderschön dargestellt, ebenso wie die Seele.

- **Zitat:** „Der Körper ist die Grundlage der Seele."

- **To-Do:** Pflege deinen Körper und Geist gleichermaßen, z. B. durch Bewegung, gesunde Ernährung und Meditation.

6. Die Kraft der Sinnlichkeit

- Sinnlichkeit und Sexualität sind natürliche und essentielle Aspekte des menschlichen Lebens.

- **Zitat:** „Ich bin die sinnliche Person – ich singe das sinnliche Lied."

- **To-Do:** Akzeptiere und feiere deine Sinnlichkeit als Teil deiner menschlichen Erfahrung.

7. Akzeptanz von Leben und Tod

- Leben und Tod sind Teil eines ewigen Kreislaufs, der gefeiert werden sollte, nicht gefürchtet.

- **Zitat:** „Der Tod ist nicht das Ende, sondern ein Übergang."

- **To-Do:** Akzeptiere die Vergänglichkeit des Lebens und finde Frieden in der Vorstellung eines natürlichen Kreislaufs.

8. Wert der Selbstausdrucks

- Selbstausdruck ist ein Weg, sich mit der Welt zu verbinden und Spuren zu hinterlassen.

- **Technik:** Schreibe Tagebuch oder Gedichte, um deine Gedanken und Gefühle auszudrücken.

- **To-Do:** Beginne, deine Erfahrungen kreativ festzuhalten, sei es durch Schreiben, Malen oder Musik.

9. Leben im gegenwärtigen Moment

- Whitman fordert dazu auf, das Hier und Jetzt zu schätzen und jeden Augenblick bewusst zu erleben.

- **Zitat:** „Halt an und sieh, wie wunderbar das Leben ist."

- **To-Do:** Übe Achtsamkeit im Alltag und nimm die kleinen Freuden bewusst wahr.

10. Feier der Vielfalt

- Vielfalt in Menschen, Kulturen und Erfahrungen wird als Quelle von Reichtum und Schönheit betrachtet.

- **Zitat:** „Ich bin groß, ich enthalte viele."

- **To-Do:** Umfasse Vielfalt in deinem Leben, indem du neue Perspektiven erkundest und Vorurteile überwindest.

11. Die unendliche Reise der Selbstentdeckung

- Selbstentdeckung ist ein lebenslanger Prozess, der durch Erfahrungen und Reflexion wächst.

- **Technik:** Nimm Herausforderungen als Chancen an, mehr über dich selbst zu erfahren.

- **To-Do:** Führe eine Liste von Erfahrungen, die du machen möchtest, und reflektiere, was du aus ihnen lernst.

12. Liebe als universelle Kraft

- Liebe, in all ihren Formen, ist eine zentrale Kraft, die das Leben bereichert und Menschen verbindet.

- **Zitat:** „Liebe ist der Faden, der das Universum verbindet."

- **To-Do:** Zeige Zuneigung und Dankbarkeit gegenüber den Menschen in deinem Leben.

10. „Bushido: Die Seele Japans" – von Inazo Nitobe

1. Bushido als moralischer Kodex

- Bushido ist der Ehrenkodex der Samurai und basiert auf Prinzipien wie Loyalität, Mut, Gerechtigkeit, Respekt und Selbstdisziplin.

- **Zitat:** „Bushido ist das Rückgrat der Samurai-Kultur."

- **To-Do:** Identifiziere die Kernwerte, nach denen du leben möchtest, und integriere sie in deinen Alltag.

2. Die Tugend der Gerechtigkeit (Gi)

- Gerechtigkeit wird als oberste Tugend betrachtet – der Wille, das Richtige zu tun, unabhängig von den Umständen.

- **Technik:** Reflektiere bei Entscheidungen, ob sie fair und gerecht für alle Beteiligten sind.

- **To-Do:** Handle in schwierigen Situationen stets mit Integrität und moralischem Kompass.

3. Mut (Yu) als geistige und körperliche Stärke

- Mut bedeutet, sich Herausforderungen mit Würde zu stellen und das Richtige zu tun, auch wenn es gefährlich ist.

- **Zitat:** „Mut ist nicht die Abwesenheit von Angst, sondern die Fähigkeit, trotz ihr zu handeln."

- **To-Do:** Trainiere deinen Mut, indem du dich bewusst aus deiner Komfortzone begibst.

4. Mitgefühl (Jin) und Menschlichkeit

- Mitgefühl ist eine zentrale Tugend, die zeigt, dass Stärke mit Fürsorge verbunden sein sollte.

- **Technik:** Übe Empathie in täglichen Interaktionen, besonders in Konflikten.

- **To-Do:** Hilf anderen, wo immer du kannst, und zeige Verständnis für ihre Perspektiven.

5. Respekt (Rei) und Etikette

- Respekt vor anderen und Höflichkeit sind essenziell, um Harmonie und Ordnung in sozialen Beziehungen zu wahren.

- **Zitat:** „Höflichkeit ist die Blume der Menschlichkeit."

- **To-Do:** Zeige Respekt in Worten und Taten, insbesondere gegenüber denen, mit denen du nicht übereinstimmst.

6. Ehrlichkeit und Aufrichtigkeit (Makoto)

- Die Samurai waren dafür bekannt, immer ehrlich und aufrichtig zu sein, ohne Täuschung oder Hintergedanken.

- **Technik:** Kommuniziere klar und authentisch, ohne etwas zu verschweigen oder zu beschönigen.

- **To-Do:** Verpflichte dich, ehrlich zu dir selbst und zu anderen zu sein.

7. Ehre (Meiyo) als höchstes Gut

- Ehre ist ein unverzichtbares Element im Leben eines Samurai; sie erfordert moralisches Verhalten und Selbstachtung.

- **Zitat:** „Der Samurai lebt und stirbt für seine Ehre."

- **To-Do:** Wähle Handlungen, die deinem Ruf und deinen Prinzipien gerecht werden.

8. Loyalität (Chugi)

- Die Loyalität zu deinem Herrn, deinen Freunden, deiner Familie und deinem Land ist von zentraler Bedeutung.

- **Technik:** Stärke deine Verbindungen durch Verlässlichkeit und Treue.

- **To-Do:** Sei loyal gegenüber deinen Verpflichtungen und den Menschen, die dir wichtig sind.

9. Selbstdisziplin (Jisei)

- Selbstdisziplin ist notwendig, um die anderen Tugenden von Bushido zu verkörpern und innere Balance zu bewahren.

- **Zitat:** „Ohne Selbstdisziplin kann es keine wahre Stärke geben."

- **To-Do:** Etabliere tägliche Routinen, die dir helfen, deine Ziele mit Fokus und Geduld zu verfolgen.

10. Der Umgang mit Tod und Vergänglichkeit

- Bushido lehrt, dass der Tod nicht gefürchtet, sondern als natürlicher Teil des Lebens akzeptiert werden sollte.

- **Zitat:** „Nur wer den Tod akzeptiert, kann wirklich leben."

- **To-Do:** Entwickle eine positive Einstellung gegenüber der Vergänglichkeit und konzentriere dich auf das Wesentliche im Leben.

11. Bildung und spirituelles Wachstum

- Ein wahrer Samurai strebt nach Wissen und Weisheit, um sowohl innerlich als auch äußerlich zu wachsen.

- **Technik:** Lies Bücher, meditiere und reflektiere über dein Handeln, um dich kontinuierlich zu verbessern.

To-Do: Widme Zeit deiner geistigen und spirituellen Entwicklung.

12. Die Harmonie zwischen Tradition und Moderne

- Nitobe zeigt, wie die Prinzipien von Bushido auch in der modernen Welt angewendet werden können.

- **Zitat:** „Bushido ist kein Relikt, sondern eine zeitlose Lehre."

- **To-Do:** Finde Wege, traditionelle Werte in deinen modernen Lebensstil zu integrieren.

11. „Die dunkle Nacht der Seele"
- von Johannes vom Kreuz

1. Die „dunkle Nacht" als spirituelle Prüfung

- Die „dunkle Nacht" ist eine Zeit intensiver spiritueller Prüfung und Reinigung, in der der Mensch sich von weltlichen Verlangen und Anhaftungen befreien muss, um eine tiefere Vereinigung mit Gott zu erleben.

- **Zitat:** „Die Dunkelheit, in der die Seele sich befindet, ist der Weg zur Erleuchtung."

- **To-Do:** Akzeptiere Zeiten der spirituellen Dunkelheit als notwendige Schritte für persönliches und spirituelles Wachstum.

2. Trennung von weltlichen Begierden

- Die „dunkle Nacht" erfordert das Loslassen von weltlichen Begierden und falschen Vorstellungen über sich selbst.

- **Technik:** Reflektiere über deine weltlichen Anhaftungen und beginne, sie bewusst loszulassen, um mehr Raum für spirituelles Wachstum zu schaffen.

- **To-Do:** Überprüfe regelmäßig, welche irdischen Wünsche oder materiellen Dinge dich ablenken und versuche, dich von ihnen zu befreien.

3. Die Nacht als Prozess der Reinigung

- Die dunkle Nacht ist eine Reinigung des Selbst, in der die Seele von allem, was sie hindert, gereinigt wird – sowohl von Sünden als auch von falschen Vorstellungen über Gott und das Leben.

- **Zitat:** „Gott reinigt die Seele, um sie würdig zu machen für die göttliche Vereinigung."

- **To-Do:** Sei geduldig mit dem inneren Prozess der Reinigung und vertraue darauf, dass dies eine wichtige Entwicklung für dein spirituelles Wachstum ist.

4. Die Wichtigkeit der inneren Stille

- In der Dunkelheit der Nacht ist es notwendig, die innere Stille zu suchen, um Gott näher zu kommen.

- **Technik:** Praktiziere Meditation oder kontemplative Gebete, um in die Stille zu kommen und deine Verbindung zu Gott zu vertiefen.

- **To-Do:** Finde tägliche Momente der Ruhe, in denen du dich von Ablenkungen löst und dich auf das Göttliche fokussierst.

5. Der Übergang von der „alten" zur „neuen" spirituellen Ebene

- Die dunkle Nacht ist nicht nur eine Prüfung, sondern ein Übergang von einer weniger reifen zu einer tieferen spirituellen Ebene.

- **Zitat:** „Der Weg des göttlichen Lichts führt durch Dunkelheit."

- **To-Do:** Betrachte Zeiten der spirituellen Krise als Möglichkeiten, auf eine tiefere, authentischere Beziehung zu Gott hinzuwachsen.

6. Der Schmerz der Trennung von Gott

- Während der „dunklen Nacht" kann sich die Seele von Gott entfernt fühlen, was als schmerzhafte Erfahrung der Trennung wahrgenommen wird.

- **Technik:** Akzeptiere den Schmerz der Trennung und erkenne, dass dies Teil des Prozesses ist, um Gottes Gegenwart auf einer tieferen Ebene zu erfahren.

- **To-Do:** Lerne, mit spirituellen „Wüstenphasen" zu leben und behalte Vertrauen in Gottes Nähe, auch wenn sie nicht fühlbar ist.

7. Der Weg der Demut

- Der spirituelle Weg erfordert Demut und die Bereitschaft, das eigene Selbst aufzugeben, um Gott näher zu kommen.

- **Zitat:** „Die Dunkelheit lehrt uns, uns selbst zu verleugnen und in Gott zu finden."

- **To-Do:** Praktiziere Demut, indem du deine egoistischen Wünsche und Überheblichkeit in den Hintergrund stellst und das Wohl anderer voranstellst.

8. Der Wert der Geduld

- Geduld ist notwendig, um durch die dunkle Nacht hindurch zu kommen, ohne sich entmutigen zu lassen.

- **Zitat:** „Der, der geduldig ist, wird das Licht am Ende der Dunkelheit finden."

- **To-Do:** Übe Geduld mit dir selbst und mit dem Prozess der spirituellen Transformation, auch wenn die Ergebnisse nicht sofort sichtbar sind.

9. Das Erkennen der eigenen Schwächen

- Die dunkle Nacht hilft, die eigenen Schwächen und Abhängigkeiten von äußeren Dingen zu erkennen und zu überwinden.

- **Technik:** Reflektiere regelmäßig über deine inneren Schwächen und arbeite daran, diese in einem spirituellen Kontext zu transformieren.

- **To-Do:** Sei dir deiner Schwächen bewusst und versuche, diese zu akzeptieren und mit Hilfe deines Glaubens zu überwinden.

10. Die Erleuchtung nach der Dunkelheit

- Nach der „dunklen Nacht" folgt die Erleuchtung und eine tiefere Vereinigung mit Gott, die zu einem erfüllteren Leben führt.

- **Zitat:** „Nach der Dunkelheit kommt das Licht, das unendliche Licht Gottes."

- **To-Do:** Habe Vertrauen, dass jede Phase der Dunkelheit ein Übergang zu einer tieferen Erkenntnis und spirituellen Erleuchtung ist.

11. Die Rolle des Glaubens

- Glaube ist die zentrale Kraft, die es dem Einzelnen ermöglicht, die Prüfungen der dunklen Nacht zu überstehen und auf der anderen Seite stärker und erleuchtet herauszukommen.

- **Technik:** Stärkung des Glaubens durch regelmäßige spirituelle Praxis wie Gebet, Meditation und das Studium religiöser Texte.

- **To-Do:** Vertraue auf deinen Glauben, auch wenn du den Sinn und das Ziel der „dunklen Nacht" nicht sofort erkennst.

12. Die Bedeutung der Gemeinschaft

- Obwohl die dunkle Nacht eine sehr persönliche Erfahrung ist, können Gemeinschaft und Führung durch spirituelle Mentoren helfen, diese Zeit zu überstehen.

- **Zitat:** „Die Gemeinschaft der Gläubigen stärkt den Einzelnen auf seinem Weg."

- **To-Do:** Suche die Unterstützung von anderen auf deinem spirituellen Weg, sei es durch Gebetsgemeinschaften oder durch den Austausch mit einem spirituellen Mentor.

12. „Über die Kürze des Lebens"
- von Seneca

1. Leben ist nicht kurz, wir verschwenden es

- Seneca argumentiert, dass das Leben nicht zu kurz ist, sondern wir es durch unproduktive Tätigkeiten und unnötige Sorgen verschwenden.

- **Zitat:** „Es ist nicht, dass wir wenig Zeit haben, sondern dass wir viel Zeit verschwenden."

- **To-Do:** Hinterfrage, wie du deine Zeit verbringst, und strebe danach, bewusst und produktiv zu leben.

2. Der Wert der Zeit

- Zeit ist das einzige Gut, das wir nicht zurückgewinnen können, weshalb wir sie mit Bedacht verwenden sollten.

- **Zitat:** „Es gibt nichts, was dem Menschen mehr gehört als seine Zeit."

- **To-Do:** Investiere deine Zeit in Dinge, die wirklich bedeutungsvoll sind, wie persönliche Entwicklung, Beziehungen und das Streben nach Weisheit.

3. Zeitverschwendung durch Ablenkungen

- Seneca kritisiert die Neigung, sich in trivialen, oberflächlichen Vergnügungen oder Sorgen zu verlieren, die keine nachhaltige Erfüllung bringen.

- **Zitat:** „Viele Menschen verbringen ihr Leben damit, sich mit Unnötigem zu beschäftigen."

- **To-Do:** Vermeide Ablenkungen und konzentriere dich auf Aktivitäten, die deinem Leben echten Wert verleihen.

4. Die Bedeutung der Reflexion

- Wer nicht regelmäßig über das eigene Leben und die Nutzung seiner Zeit nachdenkt, verliert die Kontrolle über seine Zeit.

- **Technik:** Setze dir tägliche oder wöchentliche Zeiten für Reflexion und Planung, um deine Ziele und Prioritäten zu überprüfen.

- **To-Do:** Schreibe regelmäßig in ein Tagebuch oder führe ein Selbstcheck-in durch, um deine Fortschritte und deine Zeitnutzung zu überprüfen.

5. Lebensziele und der Fokus auf das Wesentliche

- Seneca betont, dass es wichtig ist, sich auf die wesentlichen Dinge zu konzentrieren und einen klaren Lebenszweck zu haben.

- **Zitat:** „Nur wer ein Ziel hat, lebt ein vollständiges Leben."

- **To-Do:** Setze dir klare, langfristige Ziele und vermeide es, dich in kurzfristigen Ablenkungen zu verlieren.

6. Das Leben im Einklang mit der Natur

- Das Leben im Einklang mit der Natur und der Vernunft führt zu einem erfüllteren Leben und hilft, den richtigen Fokus zu finden.

- **Zitat:** „Das Leben ist lang, wenn man es richtig nutzt."

- **To-Do:** Lerne, im Einklang mit deinen eigenen Werten und mit der Natur zu leben, und schätze die einfachen Dinge des Lebens.

7. Umgang mit der Angst vor dem Tod

- Seneca lehrt, dass der Tod unvermeidlich ist und nicht gefürchtet werden sollte. Die Auseinandersetzung mit dem Tod führt zu einer besseren Nutzung des Lebens.

- **Zitat:** „Es ist nicht der Tod, den wir fürchten, sondern das Leben, das wir nicht leben."

- **To-Do:** Mache dir bewusst, dass der Tod Teil des Lebens ist, und nutze die Zeit, die dir bleibt, weise.

8. Weisheit und das Streben nach innerer Ruhe

- Weisheit ist eine zentrale Tugend, die uns hilft, das Leben in vollen Zügen zu leben und uns von äußeren Umständen nicht aus der Ruhe bringen zu lassen.

- **Zitat:** „Die größte Weisheit besteht darin, sich mit wenigem zufrieden zu geben."

- **To-Do:** Strebe nach innerer Ruhe und Gelassenheit, um in jeder Lebenssituation einen klaren Kopf zu bewahren.

9. Das Streben nach Größe und die Bedeutung von Selbstgenügsamkeit

- Ein wahrer weiser Mensch strebt nicht nach äußeren, materiellen Dingen, sondern nach innerer Größe und Zufriedenheit.

- **Technik:** Praktiziere Selbstgenügsamkeit, indem du dich nicht von äußeren Besitztümern oder Anerkennung abhängig machst.

- **To-Do:** Entwickle eine innere Zufriedenheit und übe dich in Dankbarkeit für das, was du hast, statt nach immer mehr zu streben.

10. Der Einfluss der Gesellschaft und der Eitelkeit

- Seneca kritisiert den Drang der Menschen, sich dem Urteil der Gesellschaft zu unterwerfen und in Eitelkeit zu verfallen, was zu einer Verschwendung von Zeit führt.

- **Zitat:** „Lass dich nicht von der Eitelkeit der Menschen ablenken."

- **To-Do:** Vermeide es, dich zu sehr von der Meinung anderer beeinflussen zu lassen, und konzentriere dich auf das, was für dich wirklich wichtig ist.

11. Die Bedeutung des gegenwärtigen Moments

- Das Leben wird in der Gegenwart gelebt, und wer sich ständig um die Zukunft sorgt oder in der Vergangenheit lebt, verpasst das Wesentliche.

- **Zitat:** „Das Leben ist immer jetzt."

- **To-Do:** Lerne, den gegenwärtigen Moment zu schätzen und ihn zu leben, ohne ständig in die Zukunft zu blicken oder in der Vergangenheit zu verweilen.

12. Die Entschlossenheit, sich nicht von der Zeit berauben zu lassen

- Seneca fordert dazu auf, entschlossen zu handeln und sich nicht durch Verschwendung oder Untätigkeit von der eigenen Zeit berauben zu lassen.

- **Technik:** Mache regelmäßig eine Zeitbilanz und überlege, ob du deine Zeit produktiv und sinnvoll nutzt.

- **To-Do:** Sei diszipliniert in der Verwaltung deiner Zeit und lasse dich nicht von der Hektik und den Anforderungen der äußeren Welt von deinen Zielen ablenken.

Beständigkeit als Gamer entwickeln:

Stell dir das Leben wie ein Souls-Like vor, du respawnst jeden Tag und behältst einige Dinge aus früheren Runs. Du erleichterst dir den nächsten Durchlauf, indem du deinen Build nicht versaust oder deine Seelen nicht sinnlos wegwirfst.

- Vermeide ein schlechtes Endspiel im Leben:

Liebe dich selbst und arbeite für dein zukünftiges Ich.

- Du spielst das Leben nicht als <u>eine</u> Person:

Du bist jeden Tag eine andere Person. Wenn du diese Person lieben würdest, würdest du ihr den Tag so schön wie möglich machen, indem du heute gute Dinge für sie tust.

- Du überlässt es deinem zukünftigen Ich, sich um die Dinge zu kümmern:

Das bedeutet, dass du getilted bist. Spiele das beste Spiel, das du kannst.

Spiele in den nächsten 5 Minuten so gut wie möglich, bevor das nächste Du übernimmt, damit er wieder in Führung gehen kann.

Geh nicht in der Mitte des Spiels unter, weil du dich am Anfang des Spiels Fehler gemacht hast.

- Der Hüter eines Spiels sein:

Wie kann man das Spiel so gestalten, dass es für den nächsten Spieler besser läuft?

- Die Bedeutung des Selbstmitgefühls

Sei besser als gestern, jeden Tag.

12 Regeln für das Leben

REGEL 1: Spawning ist RNG

REGEL 2: Das Leben ist nicht, was „sein soll".

REGEL 3: Es ist deine Entscheidung, ob du PVP oder CO-OP spielst

REGEL 4: Es gibt Weltbosse

REGEL 5: Es gibt kein Respawning

REGEL 6: Der Inhalt läuft nicht ab

REGEL 7: Hüte dich vor Leuten, die Komplettlösungen verkaufen

REGEL 8: Wenn du Inhalte transportieren willst, musst du gut ausgerüstet sein

REGEL 9: Der Erfolg hängt von deiner Schlachtzugsgilde ab

REGEL 10: Jeder Build ist machbar

REGEL 11: Nutze die Meta aus (Unterhaltung und Automatisierung)

REGEL 12: Der Endboss bist DU

Wissenschaftlich fundierte Methoden zur Gamification des Lebens

Gamification bedeutet, Spielmechaniken auf den Alltag zu übertragen, um Motivation, Engagement und Produktivität zu fördern. Es nutzt bewährte psychologische Prinzipien, um das Leben spielerischer und erfüllender zu gestalten. Hier sind wissenschaftlich fundierte Ansätze, um dein Leben wie ein Spiel zu gestalten:

---

1. Ziele als Quests gestalten

Psychologisches Prinzip: Zielsetzungstheorie
Die Zielsetzungstheorie (Locke & Latham, 2002) besagt, dass klare, spezifische und herausfordernde Ziele die Motivation und die Leistung steigern. Quests sind im Leben nichts anderes als gut definierte Ziele. Um Quests effektiv zu gestalten:

- **Langfristige Ziele:** Wie in einem RPG, bei dem das Hauptziel episch ist (z. B. "Rette die Welt"), solltest du ein übergeordnetes Lebensziel definieren, das dich langfristig motiviert.

- **Zwischenziele:** Zerlege das Hauptziel in kleinere, erreichbare Meilensteine (Sidequests). Das gibt dir regelmäßig Erfolgserlebnisse und sorgt dafür, dass du am Ball bleibst.

- **Belohnungen:** Gib dir nach jeder erfolgreich abgeschlossenen Quest eine Belohnung – sei es eine Pause, ein Snack oder ein Kinoabend. Dopamin wird freigesetzt, was die Motivation langfristig steigert.

Beispiel:

- Hauptziel: "Ich möchte in einem Jahr 10 kg abnehmen und fit werden."

- Sidequests: "Heute trinke ich 2 Liter Wasser" oder "Ich mache 30 Minuten Yoga."

- Belohnung: Nach einer Woche konsequenten Trainings gönne dir einen Cheat-Day oder einen Ausflug.

---

2. Fortschritt sichtbar machen

Psychologisches Prinzip: Fortschritts-Tracking
Studien zeigen, dass das sichtbare Nachverfolgen von Fortschritten (z. B. durch Listen oder Diagramme) die Wahrscheinlichkeit erhöht, dass du an deinen Zielen dranbleibst. Spiele wie "World of Warcraft" oder "Stardew Valley" nutzen Fortschrittsbalken, um Fortschritte greifbar zu machen – genau das kannst du in deinem Leben übernehmen.

- **Methode:** Nutze Habit-Tracker, Checklisten oder Apps, um deinen Fortschritt zu messen. Erstelle z. B. eine To-Do-Liste und streiche abgeschlossene Aufgaben durch – das visuelle Feedback triggert dein Belohnungssystem.

- **Tägliche XP sammeln:** Betrachte jede abgeschlossene Aufgabe als gesammelte Erfahrungspunkte (XP). Sammelst du jeden Tag XP, levelst du kontinuierlich auf.

Beispiel:
Erstelle eine tägliche Liste mit Aufgaben (wie Training, Lesen oder Meditieren). Jede abgeschlossene Aufgabe gibt dir 10 XP. Wenn du 100 XP erreichst, gönnst du dir eine Belohnung.

3. Die Macht der sozialen Dynamik nutzen

Psychologisches Prinzip: Soziale Verstärkung
Spiele motivieren oft durch Zusammenarbeit oder Wettbewerb mit anderen Spielern. Soziale Dynamiken erhöhen die Bindung und sorgen für Accountability.

- **Multiplayer-Modus aktivieren:** Binde Freunde oder Gleichgesinnte ein, um deine Ziele gemeinsam zu verfolgen. Ob es ein Fitness-Buddy ist oder eine Online-Community für Persönlichkeitsentwicklung – gemeinsames Engagement erhöht die Chancen, dass du deine Ziele erreichst.

- **Kooperation statt Konkurrenz:** Wenn du dich mit anderen verbindest, könnt ihr euch gegenseitig motivieren und voneinander lernen, statt euch gegenseitig zu demotivieren.

Beispiel:

- Tritt einer Laufgruppe bei, um gemeinsam zu trainieren.

- Teile deinen Fortschritt mit Freunden in sozialen Medien oder in einer Gamification-App wie Habitica.

4. Rückschläge als „Respawns" sehen

Psychologisches Prinzip: Selbstmitgefühl und Resilienz
Rückschläge gehören zu jedem Prozess. Sie definieren jedoch nicht den Erfolg, sondern sind wie ein „Respawn" in einem Spiel – du bekommst die Chance, von vorne zu beginnen und es besser zu machen.

- **Fehler reframen:** Sieh Misserfolge nicht als Scheitern, sondern als Gelegenheit zum Lernen. Rückschläge sind Teil des Spiels und können dir helfen, deine Strategie zu verbessern.

- **Mentales Reset:** Trainiere dich darauf, nach einem Rückschlag bewusst „neu zu starten". Eine Methode ist die 5-Minuten-Regel: Wenn du etwas falsch gemacht hast, gib dir 5 Minuten, um dich darüber zu ärgern, und dann mache weiter.

Beispiel:
Hast du dein Fitnessziel verpasst oder eine ungesunde Mahlzeit gegessen? Setze den Fokus auf den nächsten „Run", anstatt dich selbst zu kritisieren.

5. Belohnungssysteme optimieren

Psychologisches Prinzip: Operante Konditionierung
Das Belohnungssystem ist ein zentraler Bestandteil von
Spielen. Spiele geben dir kleine Belohnungen (z. B. Loot, neue
Skins), um deine Motivation aufrechtzuerhalten. Ähnlich
kannst du Belohnungen in deinem Alltag implementieren.

- **Variable Belohnungen:** Füge gelegentlich unerwartete
  Belohnungen ein, um dein Interesse hochzuhalten. Das
  Prinzip der „Lootbox" kann auch im Leben wirken – z. B.
  gönne dir nach einem erfolgreichen Tag eine
  Überraschung, die nicht vorab geplant war.

- **Level-System:** Erstelle ein Punktesystem, bei dem du
  nach einer bestimmten Anzahl gesammelter Punkte
  auflevelst und dir eine größere Belohnung gönnst.

Beispiel:
Sammle 1000 XP in deinem Tracker und gönne dir ein großes
Upgrade, z. B. ein neues Paar Laufschuhe oder eine Massage.

---

6. Hindernisse als Bosskämpfe betrachten

**Psychologisches Prinzip: Problemlösungsorientiertes
Denken**
In Spielen gibt es Bosskämpfe, die zunächst unmöglich
erscheinen. Doch mit der richtigen Strategie, Vorbereitung und
Geduld kannst du jeden Boss besiegen. Übertrage diese
Denkweise auf Herausforderungen im Leben.

- **Strategie entwickeln:** Zerlege Probleme in kleinere
  Teile und finde Schwachstellen.

- **Werkzeuge upgraden:** Genau wie du in einem Spiel Waffen oder Fähigkeiten auflevelst, kannst du deine Werkzeuge (z. B. Wissen oder Fähigkeiten) verbessern, um Herausforderungen besser zu meistern.

Beispiel:
Hast du ein schwieriges Projekt bei der Arbeit? Erstelle einen detaillierten Plan (Schwachstellen des Bosses analysieren) und arbeite jeden Teil systematisch ab.

---

7. Die Langzeitmotivation stärken

Psychologisches Prinzip: Intrinsische Motivation fördern
Spiele motivieren nicht nur durch äußere Belohnungen, sondern oft auch durch die intrinsische Freude am Spielen. Finde in deinem Leben Aktivitäten, die dir Freude bereiten und Sinn geben, um langfristig motiviert zu bleiben.

- **Flow-Zustand:** Finde Aufgaben, die anspruchsvoll, aber machbar sind, um in den „Flow" zu gelangen – ein Zustand der völligen Vertiefung in eine Aufgabe (Csikszentmihalyi, 1990).

- **Sinn suchen:** Verbinde deine Ziele mit einem größeren Zweck. Warum willst du fit werden, produktiver sein oder dich weiterentwickeln? Diese Sinnhaftigkeit wird deine Motivation befeuern.

Fazit zu Kapitel 11

Dein Leben ist ein Spiel, und du bist der Spieler sowie der Designer. Indem du Spielmechaniken wie Fortschrittstracking, Belohnungssysteme und soziale Dynamik in deinen Alltag integrierst, kannst du dein Leben nicht nur produktiver, sondern auch unterhaltsamer gestalten. Rückschläge sind keine Niederlagen, sondern Respawns, und jeder Tag bietet dir die Chance, ein besserer Spieler zu werden.

Kapitel 12 – Wie du mit der **Habitica-App** diese Prinzipien im Alltag praktisch umsetzen kannst

Gamification kann in der Theorie inspirierend sein, aber die wahre Herausforderung besteht darin, diese Prinzipien im Alltag anzuwenden. Hier kommt die **Habitica-App** ins Spiel, ein einzigartiges Tool, das Gamification in ein nutzerfreundliches, spielbasiertes System übersetzt. Mit Habitica kannst du deine Aufgaben, Gewohnheiten und Ziele in ein Rollenspiel verwandeln – mit Quests, Belohnungen und sogar einer eigenen Party. In diesem Kapitel zeige ich dir, wie du die Prinzipien aus Kapitel 11 mithilfe von Habitica konkret umsetzen kannst.

---

1. Was ist Habitica?

Habitica ist eine kostenlose App, die Elemente von Rollenspielen (RPGs) nutzt, um Produktivität und Motivation zu steigern. Deine alltäglichen Aufgaben, Gewohnheiten und Ziele werden in spielbare Quests umgewandelt. Du erstellst einen Charakter, der durch das Erledigen von Aufgaben Erfahrungspunkte (XP) sammelt, Gold verdient und in Leveln aufsteigt. Gleichzeitig kannst du durch unerledigte Aufgaben Schaden nehmen, was dich motiviert, am Ball zu bleiben.

2. Der Einstieg: Erstelle deinen Charakter und deine Ziele

Schritt 1: Charakter erstellen

Wenn du die App öffnest, kannst du deinen Avatar anpassen – dein digitaler Held im Spiel. Dein Avatar repräsentiert dich und wird mit jeder erledigten Aufgabe stärker.

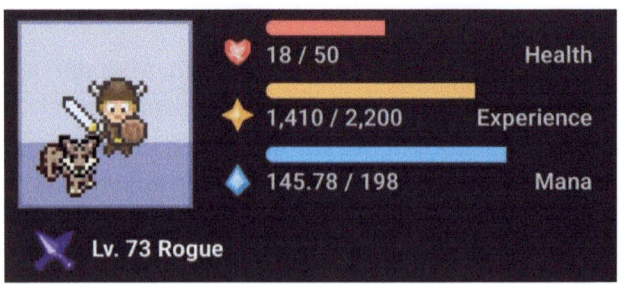

Schritt 2: Ziele und Aufgaben einrichten

Habitica unterteilt deine Aufgaben in drei Kategorien:

- **Gewohnheiten (Habits):** Wiederholbare Tätigkeiten, die du verbessern möchtest, z. B. „10 Minuten meditieren" oder „keinen Zucker essen".

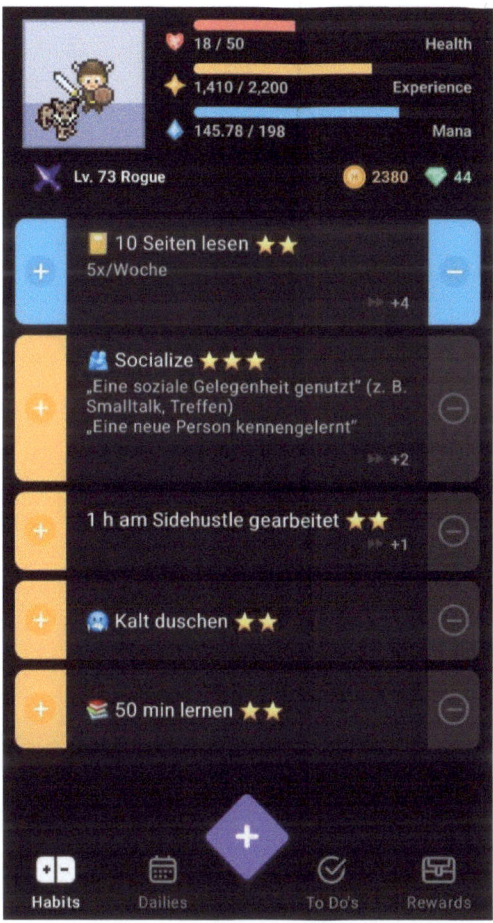

- **Tägliche Aufgaben (Dailies):** Regelmäßige Verpflichtungen, die du an spezifischen Tagen erledigen musst, z. B. „Sport machen" oder „30 Minuten lesen".

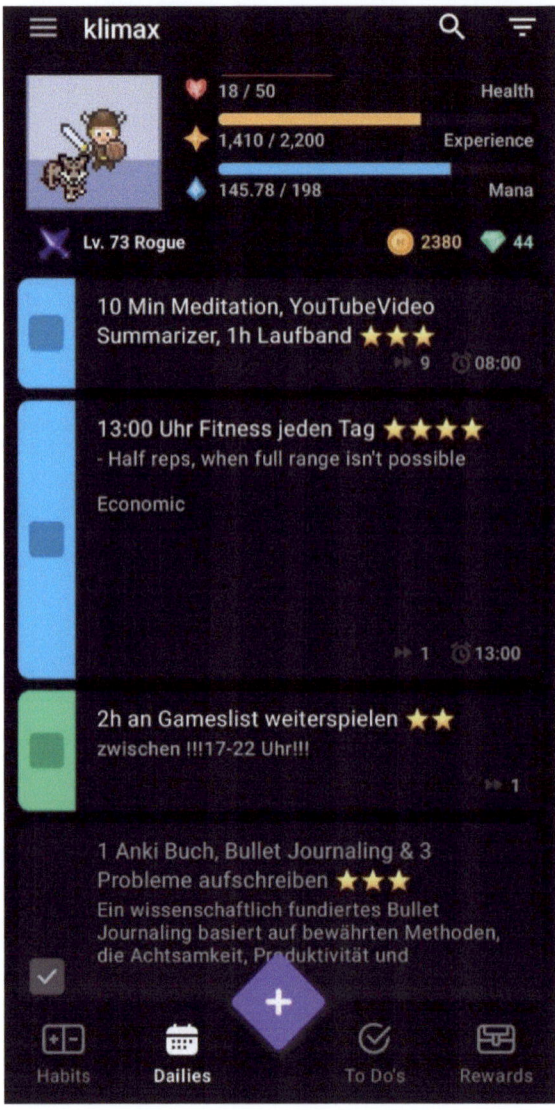

- **Einmalige Aufgaben (To-Dos):** Einmalige Ziele oder Projekte, z. B. „Bewerbung abschicken" oder „Steuererklärung machen".

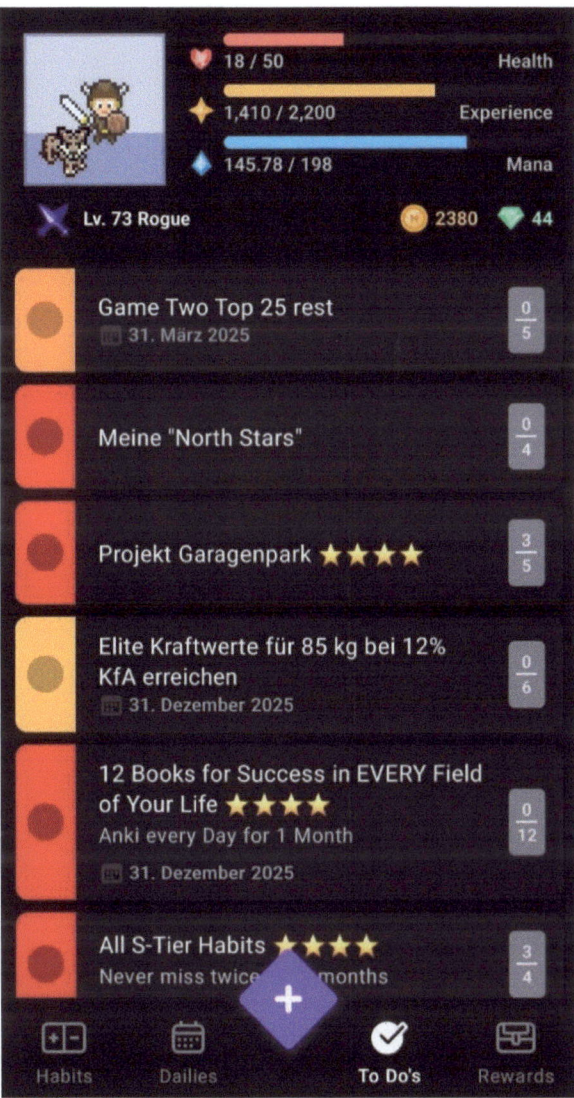

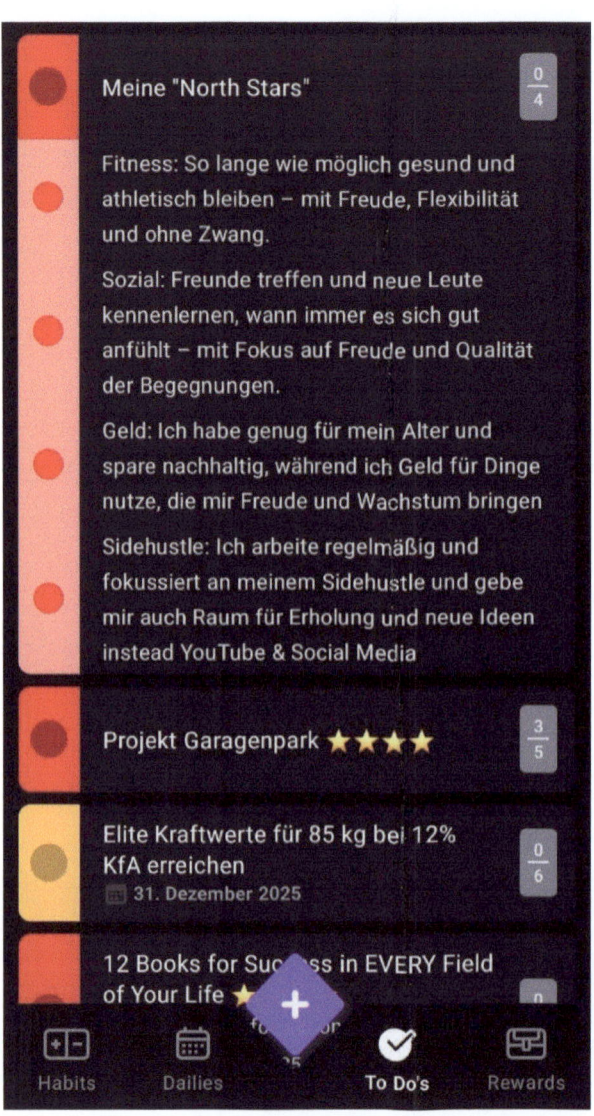

Meine "North Stars" $\frac{0}{4}$

Fitness: So lange wie möglich gesund und athletisch bleiben – mit Freude, Flexibilität und ohne Zwang.

Sozial: Freunde treffen und neue Leute kennenlernen, wann immer es sich gut anfühlt – mit Fokus auf Freude und Qualität der Begegnungen.

Geld: Ich habe genug für mein Alter und spare nachhaltig, während ich Geld für Dinge nutze, die mir Freude und Wachstum bringen

Sidehustle: Ich arbeite regelmäßig und fokussiert an meinem Sidehustle und gebe mir auch Raum für Erholung und neue Ideen instead YouTube & Social Media

Projekt Garagenpark ★★★★ $\frac{3}{5}$

Elite Kraftwerte für 85 kg bei 12% KfA erreichen $\frac{0}{6}$
📅 31. Dezember 2025

12 Books for Success in EVERY Field of Your Life ★

Habits · Dailies · To Do's · Rewards

Schritt 3: Belohnungen definieren

Du kannst sowohl spielinterne Belohnungen (neue Ausrüstung,
Haustiere, Skins) als auch persönliche Belohnungen festlegen.
Zum Beispiel könntest du für 100 Goldmünzen eine Kinonacht
oder dein Lieblingsessen freischalten.

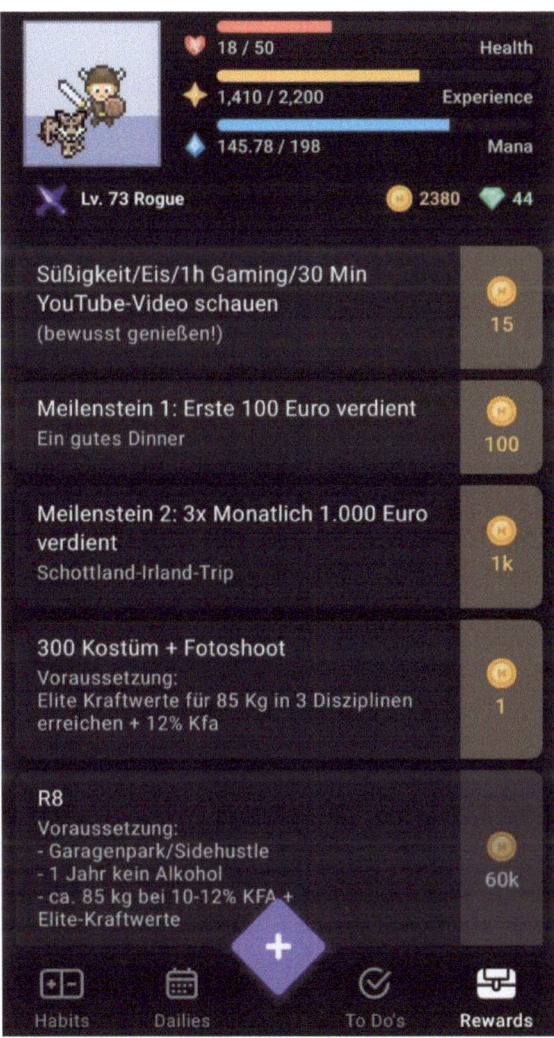

3. Wie Habitica die Prinzipien der Gamification integriert

Prinzip: Fortschritt sichtbar machen
In Habitica sammelst du für jede erledigte Aufgabe XP und
Gold, was dich belohnt und deinen Fortschritt greifbar macht.
Mit jedem Levelaufstieg siehst du, wie sich dein Avatar
weiterentwickelt, was dein Belohnungssystem aktiviert.

- **Praxisbeispiel:** Setze „10 Minuten am Morgen
  meditieren" als tägliche Aufgabe. Jedes Mal, wenn du
  die Aufgabe erledigst, bekommst du XP und kommst
  deinem nächsten Levelaufstieg näher.

Prinzip: Ziele als Quests gestalten
In Habitica kannst du große Ziele in kleinere, machbare
Schritte unterteilen. Jede dieser Aufgaben wird zu einer Quest,
die dich kontinuierlich in Richtung deines Hauptziels bringt.

- **Praxisbeispiel:** Wenn dein Hauptziel ist, fit zu werden,
  kannst du Sidequests wie „10.000 Schritte gehen", „3x
  pro Woche trainieren" oder „gesunde Mahlzeit kochen"
  erstellen.

Prinzip: Soziale Dynamik nutzen
Habitica hat einen Multiplayer-Modus, bei dem du dich mit
Freunden oder Fremden in Gilden oder Partys
zusammenschließen kannst. Gemeinsam könnt ihr Quests
abschließen und Weltbosse bekämpfen. Der soziale Aspekt
sorgt für Accountability und motiviert dich, dranzubleiben, da
dein Erfolg auch der Gruppe zugutekommt.

- **Praxisbeispiel:** Schließe dich einer Gilde für Fitness
  oder Persönlichkeitsentwicklung an. Deine Gruppe

könnte eine Quest haben, bei der ihr gemeinsam tägliche Aufgaben erfüllt, um einen Boss zu besiegen.

Prinzip: Rückschläge als „Respawns" sehen

Wenn du Aufgaben nicht erledigst, nimmt dein Avatar Schaden, was dich daran erinnert, die Verantwortung für deine Ziele zu übernehmen. Gleichzeitig erlaubt Habitica dir, nach Rückschlägen einfach wieder einzusteigen – wie bei einem Respawn in einem Spiel.

- **Praxisbeispiel:** Hast du an einem stressigen Tag vergessen, deine Aufgaben zu erledigen? Kein Problem – starte am nächsten Tag neu und mache es besser.

Prinzip: Belohnungssysteme optimieren

Belohnungen sind ein zentraler Bestandteil von Habitica. Du kannst Gold für virtuelle Belohnungen wie Rüstungen oder Haustiere ausgeben, aber auch persönliche Belohnungen definieren, die dir im echten Leben Freude bereiten.

- **Praxisbeispiel:** Setze „10 Gold = 10 Minuten Extra Netflix" als Regel oder gönne dir ein neues Buch, wenn du ein Level aufgestiegen bist.

4. Praktische Tipps für die Nutzung von Habitica

- **Realistisch bleiben:** Erstelle keine unrealistischen oder überladenen Aufgabenlisten. Weniger ist oft mehr – konzentriere dich auf die wichtigsten Aufgaben.

- **Regelmäßig überprüfen:** Schau dir jeden Morgen oder Abend deine Aufgabenliste an und passe sie bei Bedarf an. So bleibt Habitica relevant und flexibel.

- **Belohnungen kreativ gestalten:** Nutze Belohnungen, die dich wirklich motivieren. Das können materielle Dinge, Aktivitäten oder einfach nur Zeit für dich sein.

- **Party gründen:** Lade Freunde oder Familie ein, Habitica mit dir zu nutzen. Gemeinsam macht es noch mehr Spaß, und ihr könnt euch gegenseitig motivieren.

- **Auf kleine Schritte fokussieren:** Verteile große Aufgaben in kleine, leicht zu bewältigende Schritte. So vermeidest du Überforderung und sammelst kontinuierlich XP.

---

5. Wissenschaftliche Wirkung von Gamification

Studien zeigen, dass Gamification-Ansätze die Motivation und das Durchhaltevermögen erheblich steigern können. Eine Untersuchung von Hamari et al. (2014) zeigt, dass spielerische Elemente wie Punkte, Level und soziale Interaktionen die intrinsische Motivation fördern und langfristiges Engagement begünstigen.

Habitica kombiniert diese Elemente auf effektive Weise:

- **Positives Feedback:** Fortschrittsbalken, Levelaufstiege und Belohnungen steigern dein Dopamin-Niveau.

- **Sozialer Druck:** Partys und Gilden sorgen dafür, dass du dich verantwortlich fühlst.

- **Kleine Schritte:** Die Aufteilung von Zielen in machbare Einheiten reduziert Überforderung und erhöht die Wahrscheinlichkeit des Erfolgs.

6. Habitica als Teil deiner persönlichen Gamification-Strategie

Habitica ist mehr als nur eine App – es ist ein Werkzeug, um die Prinzipien der Gamification in deinem Alltag zu verankern. Indem du Aufgaben und Ziele in spielbare Quests verwandelst, kannst du produktiver, motivierter und fokussierter sein. Der Spaß am Spiel hält dich langfristig am Ball, während Rückschläge dich nicht entmutigen, sondern dir eine neue Chance geben, neu durchzustarten.

Fazit:
Mit Habitica kannst du dein Leben wie ein Spiel gestalten und dabei sowohl deine Ziele erreichen als auch Spaß haben. Ob du XP für einfache tägliche Aufgaben sammelst, Weltbosse mit deiner Party bekämpfst oder Rückschläge als Respawns betrachtest – Habitica bietet dir die perfekte Plattform, um deine persönliche Gamification-Strategie zu verwirklichen.

Erstelle dein Erstes to do mit Habitica

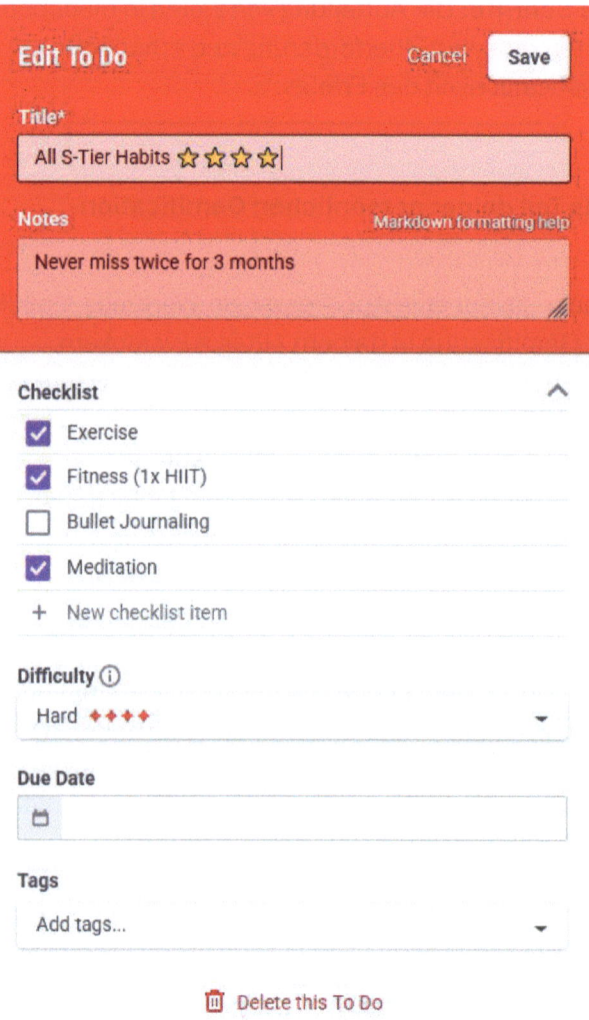

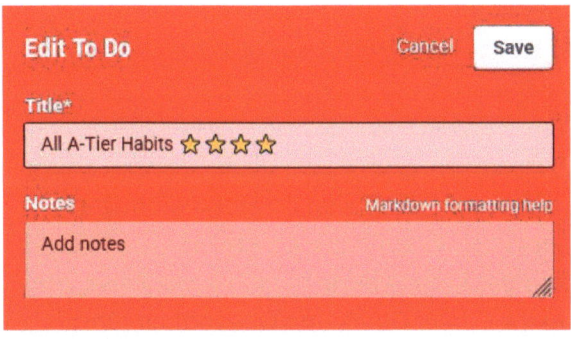

Edit To Do   Cancel   Save

Title*

All A-Tier Habits ⭐ ⭐ ⭐ ⭐

Notes   Markdown formatting help

Add notes

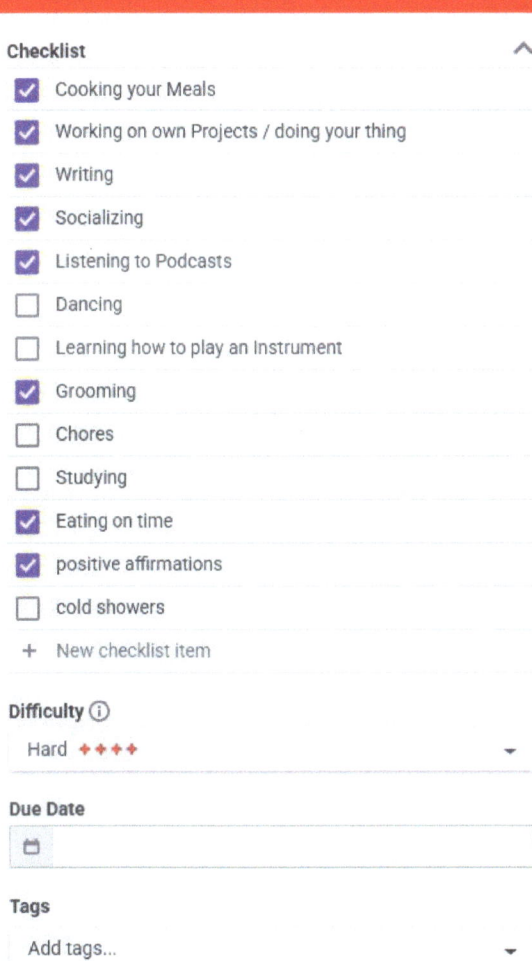

Checklist   ︿

- ☑ Cooking your Meals
- ☑ Working on own Projects / doing your thing
- ☑ Writing
- ☑ Socializing
- ☑ Listening to Podcasts
- ☐ Dancing
- ☐ Learning how to play an Instrument
- ☑ Grooming
- ☐ Chores
- ☐ Studying
- ☑ Eating on time
- ☑ positive affirmations
- ☐ cold showers
- ＋ New checklist item

Difficulty ⓘ

Hard ✦✦✦✦   ▾

Due Date

📅

Tags

Add tags...   ▾

Schlusswort und Danksagung

Schlusswort

Wow, du hast es geschafft! Damit hast du einen wichtigen Schritt getan, um dein Leben auf das nächste Level zu bringen. Dieses Buch war nur der Anfang einer Reise – einer Reise, die dich nicht nur zu mehr Erfolg, Glück und Gesundheit führt, sondern auch zu dir selbst.

Das Wissen, das du hier gewonnen hast, ist nichts ohne deine aktive Umsetzung. Nimm dir Zeit, die vorgestellten Prinzipien und Strategien in deinen Alltag zu integrieren, und beobachte, wie sich Schritt für Schritt dein Leben verändert. Sei geduldig mit dir, aber bleib dran – der Erfolg kommt nicht über Nacht, sondern durch konsequentes Handeln.

Ich hoffe, dass dich diese Seiten inspiriert haben und dir nicht nur Klarheit, sondern auch die Motivation gegeben haben, dein volles Potenzial auszuschöpfen. Dein Leben ist ein Abenteuer, und du bist der Held oder die Heldin deiner eigenen Geschichte. Also: Level up, ein Tag nach dem anderen!

Danksagung

Ein Projekt wie dieses ist nicht das Werk einer einzelnen Person – es entsteht durch Inspiration, Unterstützung und das Zusammenspiel vieler Menschen. Mein erster Dank gilt dir, lieber Leser, liebe Leserin. Dein Interesse, dein Engagement und dein Wille zur Veränderung sind das, was dieses Buch lebendig macht. Danke, dass du mir dein Vertrauen geschenkt hast und dich darauf eingelassen hast, diese Reise mit mir zu machen.

Ein großes Dankeschön geht auch an alle, die mich auf meinem Weg begleitet haben – Freunde, Familie und

Mentoren, die immer an mich geglaubt haben und mich ermutigt haben, meine Gedanken und Erfahrungen mit dir zu teilen. Eure Unterstützung bedeutet mir mehr, als Worte ausdrücken können.

Zu guter Letzt danke ich all den Wissenschaftlern, Autoren und Vordenkern, deren Ideen und Konzepte mich inspiriert haben. Dieses Buch basiert auf ihrem Wissen und ihrer Arbeit, und es ist mir eine Ehre, ihre Erkenntnisse mit dir zu teilen.

Ausblick auf Band 2

Bist du bereit, dein Level noch weiter zu steigern? In Band 2 werden wir die nächste Stufe deiner Entwicklung in Angriff nehmen. Hier ein kleiner Vorgeschmack darauf, was dich erwartet:

- **Der Sinn des Lebens – Wie du deinen eigenen findest**
  In diesem Kapitel erforschen wir gemeinsam, wie du deine wahre Berufung entdeckst und dir ein Leben aufbaust, das dich erfüllt und inspiriert.

- **Emotionale Intelligenz – Der Schlüssel zu besseren Beziehungen und Erfolg**
  Erfahre, wie du deine emotionale Intelligenz stärken kannst, um deine Beziehungen zu verbessern, Konflikte zu lösen und ein harmonisches Leben zu führen.

- **Finanzielle Gesundheit – Die Grundlagen von Wohlstand**
  Geld ist nicht alles, aber es spielt eine wichtige Rolle in unserem Leben. Lerne, wie du dein Budget planst, clever sparst und sinnvoll investierst, um finanzielle Freiheit zu erreichen.

- **Digitaler Minimalismus – Wie du Technik sinnvoll nutzt**
  In einer Welt voller Ablenkungen zeigt dir dieses Kapitel, wie du deine digitale Nutzung in den Griff bekommst und wieder mehr Fokus und Ruhe findest.

- **Ein abschließender Aktionsplan**
  Band 2 wird mit einem konkreten Umsetzungsplan
  abgerundet. Du erhältst eine Schritt-für-Schritt-
  Anleitung, um die neuen Strategien und Erkenntnisse in
  deinem Alltag praktisch umzusetzen.

Ich freue mich darauf, dich auch im nächsten Band auf deinem
Weg zu begleiten und dir noch mehr Werkzeuge für ein
erfolgreiches, glückliches und erfülltes Leben an die Hand zu
geben. Du bist auf einem großartigen Weg – und die Reise hat
gerade erst begonnen.

Bis dahin: Bleib dran, bleib mutig, und bleib du selbst! 🏃

© 2025 Sven Kohle
Verlag: BoD · Books on Demand GmbH, In de Tarpen 42,
22848 Norderstedt, bod@bod.de
Druck: Libri Plureos GmbH, Friedensallee 273,
22763 Hamburg
ISBN: 978-3-7693-5534-5

FSC
www.fsc.org

MIX

Papier aus ver-
antwortungsvollen
Quellen
Paper from
responsible sources

FSC® C105338